施工作业安全丛书

炼化企业现场作业
安全管理与监护

杨 旸 王绍民 编著

中国石化出版社

内容提要

本书对炼油化工企业目前现场作业在安全管理与监护方面存在的问题进行了阐述，对用火作业、进入受限空间作业、起重吊装作业等十余种事故多发作业过程存在的主要危害因素进行了分析，提出了相对应的防范措施，明确了现场监护人的职责和对监护人的要求，同时也对应急处置和救护方法做了相应说明。

该书内容简明扼要，部分内容还配有图片，形象、生动。非常适合于企业基层单位管理人员、监护人员培训和学习，也可供相关领域领导参考。

图书在版编目(CIP)数据

炼化企业现场作业安全管理与监护/杨旸，王绍民编著.
—北京：中国石化出版社，2007(2021.6 重印)
(施工作业安全丛书)
ISBN 978-7-80229-298-7

Ⅰ.炼… Ⅱ.①杨…②王… Ⅲ.炼油厂-工业企业管理：安全管理 Ⅳ.F407.22

中国版本图书馆 CIP 数据核字(2007)第 045083 号

中国石化出版社出版发行

地址：北京市东城区安定门外大街 58 号
邮编：100011 电话：(010)57512500
发行部电话：(010)57512575
http://www.sinopec-press.com
E-mail：press@sinopec.com
北京科信印刷有限公司印刷
全国各地新华书店经销

*

787×1092 毫米 32 开本 4.5 印张 94 千字
2007 年 4 月第 1 版 2021 年 6 月第 6 次印刷
定价：20.00 元

前言

安全生产是企业永恒的主题，是企业赖以生存、发展的基础和保障。特别对于炼油化工企业而言，“高温高压、易燃易爆、有毒有害”的行业特点，决定了我们必须把安全工作放在首位。从近年来国内外炼油化工企业发生的各类事故统计数字来看，现场作业过程中发生的事故占了很大的比例。分析这些事故发生的主要原因，大多是现场监督和监护不到位造成的；而监督和监护不到位的原因，不仅有安全意识、责任心的问题，也有技能和素质的问题。

目前，炼油化工企业各类施工作业频繁，尤其是用火、进入受限空间、起重吊装等作业，危险性较大，发生事故的几率很高，而避免各类事故的关键就是要正确识别作业过程中存在的风险，落实好相应的防范措施。在所有的防范措施中，强化现场监督管理，做好现场监护是最重要的内容。

鉴于此我们编写了本书，旨在提高基层管理人员和作业监护人的现场管理技能。该书用简明易懂的语言，阐述了炼油化工企业主要现场作业过程中存在的危害，列出了应该采取的防范措施。从而可以帮助基层管理人员、现场监护人员掌握必要的知识和技能：能够迅速识别现场的危害，会随时检查现场情况是否符合安全要求，会采取相应的防范措施，会在突发情况下正确应对，从而及时排除危险，避免事故的发生。

由于现场管理和现场监督监护工作涉及面广、技术性强，受经验、知识等水平的限制，该书内容难免存在不足之处，敬请广大读者批评指正。

目录

第一章　现场作业存在的问题和基本要求

现场作业一般包括：用火作业、进入受限空间作业、高处作业、起重吊装作业、探伤、破土(路)、临时用电、一般施工作业等。这些都属于高危险性的作业活动，需要进行严格的现场检查监督与监护，采取严格的安全措施。

1　存在的问题

在实际工作中，有一些人员对现场作业重视不够，在作业许可证办理、作业现场监督和监护等方面不同程度存在一些问题，主要表现有：

1.1　作业许可证管理方面

(1) 对作业许可证的管理不认真，没有意识到作业许可证的权威性和严肃性，开具作业许可证比较随意。

(2) 作业许可证有代签、漏项、缺项现象。

(3) 有不办理作业许可证即开始作业的现象。

(4) 对有关规定不熟悉，对作业许可证的级别理解不到位，比如用火作业，按照规定本该属于一级用火，却开具二级作业许可证。

(5) 对作业人的资质审查不严格，尤其是特种作业人员。

(6) 对危害识别不重视，识别不准确，对作业过程的危害认识不清，填写时存在应付现象。不重视作业方案的编制。作业方案是确保计划落实到位的关键。目前企业的作业活动往往没有经过认真研究后确认的施工或作业方案，或方案简单，只有几句原则性的语言，或者只有技术方案，操作性不强，细节规定不明确，实施过程中操作弹性大，没经验的就容易出问题，不仅施工质量难以保障，还容易在作业过程中发生意想不到的事故。建议在制定作业方案时要细化，一般应包括施工目的、工作内容、工作准备、工作步骤、危害识别、防范措施、应急预案、工作过程监督要求、工作完成后的验收评价等，还应包括所需的材料或备件、机具、作业人员技能要求及数量，负责人、检查人或验收人、现场平面布置等。

(7) 对作业部位、作业活动填写不具体、不准确。

1.2 现场作业方面

(1) 不重视化验分析，没有拿到化验分析结果即开具作业许可证，甚至开始作业；作业过程中忽视对环境检测，没有意识到现场作业是一个动态的过程，任何事情随时有可能发生。

(2) 对作业环境处理不到位，如用关闭阀门代替加盲板等。不严格落实安全措施，甚至有的申请人、审批人、作业负责人等不到现场检查确认。

(3) 对外来作业人员的管理不到位，不进行车间级安全教育，或者只进行口头的安全教育和技术交底。

(4) 对现场的违章和脏乱差现象视而不见,不能及时制止。

1.3 现场监护方面

(1) 监护人不能胜任工作。指派监护人时，往往选择一些技术水平低、责任心差、体弱多病者，甚至有的单位指派新入厂员工担任监护任务。监护人的知识、技能、身体状况等不能胜任监护工作，对装置、工艺设备、物料的状况不熟悉，对物料的性质、特点不掌握，对施工任务、安全方案不清楚，没有经过培训就上岗。对现场出现的不安全行为和不安全的状态，不能准确识别，如对作业人擅自移动作业地点等，不能及时制止。当发生突发事件时就不知道如何履行监护人的职责，往往不知所措，贻误救护时机，甚至使事态扩大。

（2）监护人没有责任心，敬业精神不强，对监护人的职责不清楚，执行监护任务时溜号、打瞌睡、看报刊杂志、聊天等做与监护工作无关的事情。

（3）监护人有事离开现场不与作业人通报，作业人在监护人离开现场的情况下，继续作业。

（4）监护人不佩戴明显标志，作业人不能快速识别。

（5）一人监护多个作业点。

2　基本要求

2.1　对申请人、审批人的要求

（1）严格按照规定开具作业许可证，不得代签，签字人要明白在该作业中所负的责任。

（2）审批人要对现场进行检查确认，明确作业单位、区域、部位、时间、范围、作业人和监护人。

（3）审批人要确认分析数据、危险因素、作业方案和安全措施是否得当，并将以上事项告知作业人员和监护人员。

（4）作业过程中涉及到工艺流程、生产运行、施工方案等，必须由主管专业部门对其进行专业审核。

在实际工作中，用火审批人要切实做到“五信五不信”：信合格盲板，不信阀门；信分析数据，不信嗅觉和感觉；信自己检查，不信别人介绍；信亲自签字，不信口头同意；信科学，不信经验主义。

2.2 对监护人的要求

对于每一个现场操作，作业人员往往专注于具体的施工作业，容易忽略现场存在的危险。现场监护是防止发生事故的最后一道防线，事关作业现场工作人员、设备和生产装置的安全，如果在现场发生异常情况或出现不安全行为时能及时终止作业或及时纠正，及时处理危机并组织现场施救，就可以把事故消灭在萌芽状态，避免更大的损失。所以监护人应做到：会识别现场危害，会检查，会防范，会应急。即能够敏感的识别到现场的危害，会随时检查现场情况是否符合安全要求，会采取相应的防范措施，会在突发情况下对人对事态采取正确的措施。对监护人具体要求如下：

（1）担任监护人，首先要有很强的责任心和敬业精神，要经过专门的业务培训并经考试合格，在现场佩戴明显的标识以便于识别。

（2）监护人必须熟练掌握所在生产装置的工艺流程、设备使用、物料走向、物料特点和施工作业时生产装置的环境状况。

（3）监护人必须熟练掌握发生紧急情况时的报告程序、掌握报告火警、紧急救护的方法，能及时向有关人员报告并组织疏散。

（4）必须掌握被监护对象的工作内容、工作范围和基本的作业安全注意事项。

（5）监护人在作业前必须检查安全措施是否得到落实。

（6）在作业过程中必须注意作业人有无违章行为，现场工器具是否完好、安全，比如氧气瓶、乙炔瓶的距离是否符合要求等，作业环境是否安全，发现问题及时处理。

（7）监护人离开现场应及时向作业人员通报，并指定其他具有监护人资格的人接替，如找不到接替人，在监护人离开现场期间，应停止作业。

（8）监护人在作业结束后应检查作业现场有无遗留火种,容器内是否有遗留人员和工器具、材料等,现场的临时电源是否切断,施工物料是否被清理干净,道路是否畅通等。

2.3　对作业人员的要求

直接作业环节的一些作业活动，很大一部分是由承包商具体执行的，而由本装置操作人员来完成的工作很少。由于直接作业环节的作业活动一般危险性较大，要求较高，对于特种作业，在开具作业许可证时就一定要验证其特种作业人员资质证件，比如电气焊作业、脚手架搭设和拆除作业、起重作业等一定要由具有资质的人员来进行。其他作业也需要作业人员身体健康，没有职业禁忌症等，如高处作业人员要求不能患有高血压、心脏病、贫血、癫痫病等。

作业人员在作业前要检查作业工具的安全性能，作业过程中禁止动用装置工艺管线阀门，服从装置监护人员、安全监督管理人员的管理和指挥，完工后与监护人一起进行现场确认和清理。装置发生重大险情时，如物料泄漏、装置意外停电、停水，发生火灾爆炸事故等，作业人员应尽快撤离现场，承包商在装置发生火灾时原则上不应参加扑救（专业消防人员除外）。

第二章 用火作业

1 范围

在炼化企业中，凡是动用明火或有可能产生火花的一切作业都属于用火管理的范围。包括各种气焊、电焊、铅焊、锡焊、塑料焊等各种焊接作业及气割、等离子切割机、砂轮机、磨光机等各种金属切割作业；使用喷灯、液化气炉、火炉、电炉等明火作业；烧、烤、煨管线、熬沥青、炒砂子、铁锤击(产生火花)物件、喷砂和产生火花的其他作业以及生产装置和罐区接临时电源并使用非防爆电气设备和电动工具等。

2 危害因素

在炼化企业中，动火作业是一项复杂、危险的作业活动，由于厂区内存在易燃易爆、有毒有害的物料，动火的位置和条件千差万别，有的在地面上，也有的在高空(塔、平台、管带上)和受限空间内；用火的部位有的是经过了彻底清扫的装置或设备，也有的是无法进行彻底吹扫置换的，如带压堵漏；使用的工具不仅包括电焊机、气瓶，还有起重设备、照明等。所以说其危害因素比较多，一般包括着火、爆炸、中毒窒息、高处坠落、物体打击、机械伤害、触电、灼烫等。

具体来说，装置内动火作业的危害通常包括：

(1) 对需要动火的设备工艺处理不彻底，设备内存在爆炸混合气。

(2) 对需要动火的设备未有效隔离，导致可燃气窜入。

(3) 动火时，周围环境存在可燃气体或对动火的危险性认识不足，采取措施不力，违章操作等，使可燃物质与空气形成爆炸性混合气体，动火时发生火灾爆炸。

(4) 介质为有毒物质时，易造成人员中毒。

(5) 介质温度高且带压时，易造成人员烫伤。

(6) 高空作业时，可能造成高空坠落；

(7) 在电焊过程中，更换焊条过程或者电焊设备有缺陷，有发生触电的危险；

(8) 在电弧的高温作业下，焊条和被焊金属熔化的同时产生金属烟尘和有毒气体，对呼吸系统造成损害；电弧光对人的皮肤和眼睛造成损伤。

对于为动火作业提供服务和配合的其他工种比如管工、铆工、架子工等则可能发生机械伤害、物体打击、高空坠落等伤害。装置动火中的危害，如中毒、窒息、灼烫、高空坠落等通过个体防护基本可以避免；机械伤害、物体打击的防护措施也不算复杂；而防火防爆技术要求比较高，措施比较复杂。因此装置动火的最大危险是火灾爆炸，也是用火作业重点关注的危害。

3 一般程序及内容

详细内容见表 2-1。

表 2-1 用火作业一般程序及内容

序号	步骤	工作内容	负责人
1	准备工作	（1）制定作业方案 （2）危害识别 （3）对作业人员安全教育	项目负责人及相关人员
2	现场处理	（1）工艺处理 （2）环境处理 （3）落实其他防范措施 （4）化验分析	项目负责人及相关人员
3	办理作业许可证	（1）对作业人、监护人资质进行审查 （2）相关人员签字	项目负责人
4	现场确认	施工方案和作业许可证中确定的安全措施逐项落实	审批人、监护人
5	实施作业	根据作业方案的要求实施	作业人、监护人
6	完工验收	清理现场，熄灭余火	作业人、监护人

4 防范措施

在正常运行生产区域内，应该掌握这样一条原则，即凡可用可不用的用火一律不用，凡能拆下来的设备、管线都应拆下来移到安全地方用火，严格控制一级用火。各单位应量力而行，严格控制用火点的数量。目前，炼化企业内很多单位实行集中用火，即除大检修、新建项目和抢修外，集中在一周内的每一天或两天进行动火，这样可以统一管理，避免出现遍地开花的现象，确保动火作业处于严格的受控状态。装置内动火分为置换动火和不置换动火两种方法，其中不置换动火的危险性更大，对作业人的要求也更高，必须采取一些特殊的安全措施。

4.1　常规用火

(1) 作业方案制定及危害识别

在用火作业前必须制定作业方案，进行危害识别，并根据危害识别的结果落实相应的防范措施，以保证用火作业的安全。在进行危害识别时，重点关注作业人员受到的伤害，还需关注该作业活动对生产和设备设施造成的影响。危险性较大的作业还需生产、设备、安全环保、消防队等管理部门联合制定作业方案和事故应急处理预案，将危害识别的结果和应急处理的事项告知作业人员和监护人。

(2) 作业许可证办理

根据管理规定的要求办理相应级别的作业许可证。一张用火作业许可证只限一处用火，实行一处(一个用火地点)、一证(用火作业许可证)、一人(用火监护人)。监护人、作业人和负责人、审批人等签字一定要本人填写，严禁代签。用火作业实行“三不用火”，即没有经批准的用火作业许可证不用火、用火监护人不在现场不用火、防火措施不落实不用火。一、二、三级用火作业许可证时间不超过 8 小时、3 天和 5 天。用火作业许可证作为用火作业的凭证和依据，不得随意涂改，按规定进行编号并妥善保存。审批人必须亲临现场检查，确认所有的防火措施都已落实，方可签发作业许可证。

(3) 工艺处理

凡在生产、储存、输送可燃物料的设备、容器及管道上用火，应首先切断物料来源并加好盲板，经彻底吹扫、清洗、置换后，打开人孔，通风换气，并经分析合格，若间隔时间超过1小时继续用火，应再次进行分析，或在管线、容器中充满水后，方可用火。装置停工吹扫期间，严禁一切明火作业，严禁没带防火帽的机动车进入生产区域或停工吹扫区域。

(4) 环境处理

在用火前应清除现场一切可燃物，并准备好消防器材。用火期间，距用火点30m内严禁排放各类可燃气体，15m内严禁排放各类可燃液体。在距离用火点30m的空间范围内不得同时进行可燃溶剂清洗和刷漆、喷漆等施工。如果达不到上述安全距离，可设置隔离带或防火墙。

封闭下水井和地漏。封闭时，首先用石棉布覆盖，然后加盖黄土，淋水后拍实。电缆沟也要封堵好，防止沟内窜入可燃气体引起爆炸事故。有风天气或高处用火要落实防止火花飞溅的措施，必要时用薄铁板、石棉板等非燃烧材料作为接火盘，并在盘中铺上一层湿沙子。注意对周围干草、落叶等易燃物的清理，若动火点周围有草坪等，必须用水浇湿，保证其不能燃烧，室内动火应将门窗打开通风。

在有毒的环境中作业时备有空气呼吸器、安全带等救生器材，在酸、碱等腐蚀性较强的环境中作业时要备有大量清水。在易燃易爆的环境中作业时，应备有灭火器、水带、蒸汽带等消防器材及物资，必要时消防车和专业消防人员在现场待命。

(5) 动火分析

凡需要用火的塔、罐、容器等设备和管线，应进行内部和环境气体化验分析，应有分析数据，当可燃气体爆炸下限>4%时，分析检测数据<0.5%为合格；可燃气体爆炸下限

≤4%时，分析检测数据<0.2%为合格。如果在设备内使用气焊(割)时，应防止由于焊枪开关旋钮未关严或胶管漏气，使氧气、乙炔气(丙烷气)泄漏在设备内而发生着火爆炸。如1999年6月25日，某炼油厂气焊工张某在未切断气源(没关闭气瓶上的总阀)，也没有卸架(未拆卸氧气和乙炔表、气割把)的情况下，上午下班时将氧气–乙炔气割把放进$50000m^3$浮顶原油罐的浮舱人孔内。下午上班后，也没有检查氧气–乙炔气割把是否泄漏等情况，导致泄漏的乙炔气在该浮舱内与空气混合达到爆炸极限。14时40分，电焊工王某、路某在该浮舱外边缘处进行泡沫挡板焊接作业，当王某施焊打火时，该浮舱突然发生爆炸，将王、路二人脚下的浮舱顶板焊道撕裂并掀起，王某被抛离工作位置9.5m处，落在钢板上，脑部等多处受伤，抢救无效死亡，路某被抛向罐壁后落在浮舱上，左肘关节、左踝骨受伤。

用火采样分析检测点的选择要有代表性。如对于体积较大的塔类，采样必须选择有代表的上、中、下三个点以上进行检测；对于大气环境，要对动火点周围15m以内的区域进行检测；采样时要将采样管伸向设备内部；有毒气体和窒息性气体一般比空气重，应着重检测底部；易燃易爆气体有些比空气轻，有些比空气重，要综合考虑；检测仪的探头插入一般设备的深度为2m以上，较长管线应插入4m以上。使用便携式气体检测报警仪前，要查看仪器本体表面上张贴的检验合格证的检验时间是否在有效期内，要认真阅读仪器使用说明书，严格按照说明书中的操作步骤进行操作，检测时要注意检测仪器的浓度测量范围，不要检测超过监测范围的高浓度气体，并且要达到检测的响应时间。

用火部位存在有毒有害介质的，应对其浓度作检测分析，若其含量超过车间空气中有害物质最高容许浓度的，应采取相应的安全措施，并在许可证上注明。

设备、容器与工艺系统已有效隔离，内部无夹套、填料、衬里、密封圈等，不会再释放有毒、有害和可燃气体的，首次取样分析合格后，分析数据可以长期有效；当设备、容器内存有夹套、填料、衬里、密封圈等，有可能释放有毒、有害、可燃气体的，采样分析合格后超过 1 小时用火的，需重新检测分析合格后方可用火。

（6）现场确认

审批人应对用火作业许可证和用火现场进行仔细检查和确认，明确用火单位、区域、部位、介质、时间、范围、用火人和现场监护人等，要确认分析数据、用火方案和用火安全措施。

（7）用火过程管理与监护

用火作业许可证开出后，申请单位的有关人员、作业负责人、安全监督部门人员和审批人等，要经常到现场检查动火安全措施的落实情况，发现违反用火管理制度的用火作业或危险用火作业时，有权收回用火作业许可证，停止用火。在用火作业过程中，当作业内容或环境条件发生变更时，应立即停止作业，用火作业许可证同时废止。监护人在监护过程中，要佩戴明显标志，发现有易燃物或其他不安全因素、异常情况等，要立即停止用火，并及时联系有关人员采取措施，用火过程中不能离开现场，不得兼作其他工作。

如 1996 年 10 月 9 日，某公司二期聚酯装置燃料油罐更换液面计装配管线时，在检测口处动火焊接，引燃了罐内可燃气体而发生闪爆，导致罐体与罐底脱离，移位 6m，倾倒在管排边上，罐内 50t（112℃）燃料油着火，致使 4 人死亡，3 人重伤，4 人轻伤。事故的主要原因是在罐顶用火与火票的地点、部位均不相符，监火人不但不制止，而且还到罐顶上监火，没有尽到应尽的责任，导致事故发生。

在受限空间内用火，除了遵守上述安全措施外，还要注意在进行用火作业、临时用电作业时，不允许同时进行刷漆、喷漆作业或使用可燃溶剂清洗等其他可能散发易燃气体、易燃液体的作业。在受限空间内进行刷漆、喷漆作业或使用可燃溶剂清洗等其他可能散发易燃气体、易燃液体的作业时，使用的电气设备、照明等，必须符合防爆要求，同时必须进行强制通风；监护人带便携式可燃气体报警仪，随时进行监测，当可燃气体报警仪报警时，必须立即组织作业人员撤离。

（8）动火结束后的处理

动火结束后，动火人关掉电源、气源，移走动火设备，同监护人一起检查清理现场，熄灭余火，凡火花可能飞溅到的部位都要进行检查，确认无残留火种，将施工用的物料、产生的垃圾进行清理，不能堵塞消防通道和装置内道路，监护人还要将消防器材复位，确认工完料净场地清，并在作业许可证的验收栏里签字。

4.2　不置换动火

不置换动火是指受条件限制，不能或不需要置换系统内部的可燃介质，在不停工或局部停工但不吹扫处理的情况下实施动火，主要适用于可燃介质的容器与管道的外部焊补。由于不置换动火作业时间短，效率高，对生产影响小，在炼化装置抢修中经常用到，由于带压带物料的情况下动火，危险性更大，一定要慎重选择具体动火方法和防范措施。不置换动火一般有直接带压焊接、先堵漏后包盒子、系统充入惰性气体动火、注水动火等。除采取以上常规的防范措施外，还需注意以下几点：

(1) 焊前准备

焊补因腐蚀而穿孔的管道、容器设备，首先要检测补焊点周围母材的壁厚。穿孔、裂纹处周围的最小壁厚应大于强度计算所确定的最小壁厚，否则不准施焊，这样可以保证在施焊时不致熔穿母材。达到上述条件后，根据穿孔位置、形状、焊口大小、焊补范围、壁厚尺寸、母材材质等因素，制定动火补焊方案。

负责施焊的焊工，一定要选择技术过硬的人员。现场要提前准备好通风设施与灭火器材，必要时还要准备空气呼吸器、防毒面具等。高处作业，要搭好脚手架。焊接前预先调节好焊接电流，初次引弧时，选择安全位置，不能正面对着动火点，避开系统内油气直接喷射的方向，在操作过程中，应避开点燃的火焰，防止烧伤。

(2) 动火系统内部氧含量控制

对于盛装可燃气体的容器或管道，要严格控制动火系统内部的氧含量，使其不超过安全值。所谓安全值也称为极限含氧量，即在混合气中氧的含量低于某一极限值时，混合气浓度大大超过爆炸上限，达不到爆炸极限就不会发生爆炸。由于外界条件的变化会影响安全值变化(如仪表的误差等)，因此应把含氧量向低的方向限制，以便加大安全系数，一般认为氧的含量不超过1%就是安全的。

在整个动火焊补过程中，都要始终控制系统中的含氧量低于安全数值，这就要求在动火中要严格控制生产负荷的平衡和工艺流程的稳定，前后工序要协调统一。随时掌握系统的含氧量情况，当发现含氧量增高，要及时采取措施，若含氧量超过安全值，必须立即停止动火。

(3) 环境中可燃气含量控制

严格控制动火点周围环境中可燃气体的含量，以防动火时发生空间闪爆。比空气重的可燃气体不易扩散，易聚集在动火点周围的低洼处，应采取蒸汽吹扫和掩护的措施，建议在动火过程中使用便携式可燃气体检测仪进行实时监测。

(4) 正压操作

确保系统处于连续稳定的正压状态，从而使设备泄漏出的可燃气体在动火时只能在设备的外部燃烧，防止因系统形成负压吸入空气而导致爆炸。压力太大，可燃气体的流速便会增大，燃烧的火焰猛烈，焊条焊滴易被气流吹走，给焊接造成困难，有时还会造成人员烧伤事故；压力太小，易造成压力波动，会使系统内部进入空气形成爆炸性混合物。压力大小的控制，以不猛烈喷火和“回火”为原则，一般控制在1.5~5kPa之间。

(5) 条件变化时的处理

遇周围条件有变化，如系统内压力急剧下降或含氧量超过安全值等，都要立即停止焊接，待查明原因采取相应对策后，才能继续进行焊补。在焊补过程中，如果发生猛烈喷火现象时，应立即采取消防措施。在火未熄灭前，不得切断可燃气来源，也不得降低或消除容器或管道的压力，以防容器或管道吸入空气而形成爆炸性混合气体。在生产不稳定、设备、管道等腐蚀严重的情况下不准进行带压不置换动火作业。

5　涉及到的其他作业及防范措施

5.1　电焊作业

生产装置用火最常见的就是各种焊接与切割作业，常用的有电、气焊等各种焊接作业及气割、等离子切割等。我们常说的电焊是利用电弧放电时产生的热量熔化接头而实现焊接的，是一种危险性很大的作业。电弧放电可产生6000℃的高温，产生烟尘和有毒气体以及电弧光，存在着触电、火灾、爆炸、中毒、窒息、灼烫、高处坠落、物体打击、弧光辐射、噪声等职业危害，同时如果焊接质量不好或有隐患，还会导致意外事故或二次事故发生。

(1) 对电焊机具的要求

电焊机外壳必须接地良好，其电源的装拆应由电工进行。接地线、导线无损坏，电焊机与配电箱的连接导线(电源线)要保证绝缘，其长度在2.5~3m，一般不超过5m，确需使用长导线时，必须将其架高距地面2.5m以上并尽可能沿墙布设，并在焊机旁架设专用开关，不许将导线随意拖于地面。严禁将导线搭在气瓶、乙炔发生器或其他易燃物品的容器和材料上，禁止利用厂房的金属结构、轨道、管道、暖气设施或其他金属物体搭接起来作为焊接电源回路，禁用氧气管道和易燃易爆气体管道作为接地装置的自然接地极，防止由于产生电阻热或引弧时冲击电流的作用，产生火花而引爆。图2-1为利用装置内部的斜梯作为电焊回路，是很危险的行为。

图 2-1 将焊接回路接在装置斜梯护栏上的危险行为

连接焊机、焊钳和工件的焊接回路导线，一般不超过 30m，过长则会增大电压降并使导线发热。导线有接头不超过两个，要用绝缘布包好，横过铁路或交通路的一、二次线都应采用架空或穿入用土埋好的金属管内。如图 2-2 所示，裸露的导线接头未经任何处理随意拖于地上，给现场的安全带来威胁。

(2) 对作业现场的要求

首先在焊接工作场所附近，必须备有足够完好的消防器材。在封闭容器、罐、桶、舱室中焊接、切割，应先打开施焊工作物的孔、洞，使内部空气流通，以防焊工中毒、烫伤，现场设专人监护，工作完毕和暂停时，焊、割炬和胶管等都应随人进出，禁止放在工作地点，焊接、切割现场禁止把焊接电缆、气体胶管、钢绳混绞在一起。焊接、切割用的气体胶管和电缆应妥善固定，禁止缠在焊工身上使用。在已

图 2-2 触目惊心的电焊机导线

停车的机器内进行焊接与切割，必须彻底切断机器(包括主机、辅机、运转机构)的电源和气源，锁住启动开关，并应设置“修理施工禁止转动”的安全标志或由专人负责看守。直接在水泥地面上切割金属材料，可能发生爆裂，应有防火花喷射造成烫伤的措施。对悬挂在起重机吊钩上的工件和设备，禁止电焊或切割，如必须这样做应采取可靠的安全措施，并经批准，才能进行。焊接、切割使用的气瓶或换下来用完的气瓶，应避免被现场杂物遮盖掩埋。露天作业遇到六级大风或下雨时，应停止焊接、切割工作。气体保护焊接都使用压缩气瓶，盛装保护气体的高压气瓶应小心轻放竖立固定，防止倾倒，气瓶与热源距离应大于 3m。切割后的热件不得插入含油的污水沟、下水井内冷却，防止着火爆炸。

(3) 对电焊人员的要求

在我国焊工属于特种作业人员，必须有特种作业操作证件。焊接时，操作人员必须戴耐辐射热的皮革或棉帆布和皮革合制材料的手套，穿绝缘鞋。焊工在多层结构或高空构架上进行交叉作业时，应佩戴有符合有关标准规定的安全带。电焊设备的安装、接线、修理和检查，需由专业电工进行，临时施工用电在办理用电手续后，由电工接通电源，焊工不得自行处理。电焊工不要携带电焊把钳进出设备，带电的把钳应由外面的配合人递进递出；工作间断时，把钳应放在干燥的木板上或绝缘良好处，焊接地点转移时，应把电焊钳拿在手中拉线，不能拖拉钳把，以免撞击其他设备物件时打火。在梯子上只能进行短时间不繁重的焊接工作，禁止登在梯子上的最高梯阶上进行焊接作业。清理焊渣时应戴防护镜，并避免在对着人的方向敲打焊渣。施焊完毕后应及时拉开电源刀闸，移动焊接设备时必须切断电源。

5.2　气焊气割作业安全

气焊是利用可燃气体与氧气混合燃烧的火焰加热金属，使金属熔化的焊接方法。气割是利用可燃气体与氧气混合燃烧的预热火焰将金属加热到燃烧点，并在氧气射流中剧烈燃烧而将金属分开的加工方法。氧气切割的实质是金属在高纯度的氧气中燃烧，并用氧气吹力将熔渣吹除的过程，而不是金属熔化的过程。气焊与气割所用的乙炔、液化石油气、氧气等都是易燃易爆气体，气焊与气割操作中需与此类危险物品接触，同时又产生明火，极易造成火灾和爆炸事故。因此必须注意以下事项：

(1) 氧气、乙炔瓶应配齐防震圈和防护帽，搬运时防止撞击和剧烈震动；氧气瓶、乙炔表及焊割工具上禁止沾染油脂；气瓶、容器、管道、仪表等连接部位应采用涂抹肥皂水方法检漏，严禁使用明火检漏。乙炔发生器、回火防止器、氧气和液化石油气瓶、减压器等均应采取防止冻结措施，一旦冻结应用热水解冻，禁止采用明火烘烤或用棍棒敲打解冻。

（2）乙炔瓶和氧气瓶应尽量避免同车运输，迫不得已同车装运时，瓶嘴不应同侧放置，应相互平行和相背放置，防止震动泄漏发生事故；焊接与切割中使用的氧气胶管为黑色，乙炔胶管为红色，乙炔胶管与氧气胶管不能相互换用，不得用其他胶管代替。

（3）氧气瓶和乙炔瓶放置位置要离开各种火源、电源，不得放置在管排下、容器设备底部、下水井附近、高空用火正下方和人员集中地点；氧气瓶、乙炔瓶间距不得小于 5m，氧气瓶、乙炔瓶距明火距离不小于 10m，点火时，焊割枪口不准对人，正在燃烧的焊、割炬不得放在工件和地面上。

（4）乙炔瓶在使用时必须垂直放置，因为卧放使用会使瓶内的丙酮随乙炔流出，甚至会通过减压器而流入橡皮管。乙炔瓶不能受剧烈震动和撞击，同时禁止横卧滚动，以免瓶内多孔性填料下沉而形成空洞，影响乙炔的储存。乙炔瓶表面温度不应超过 40℃，夏季要防止曝晒，瓶体禁止与热源接触。

（5）乙炔减压器与瓶连接必须牢固可靠，严禁在漏气情况下使用；如发现瓶阀、减压器、易熔塞着火时，用干粉灭火器或二氧化碳灭火器扑救，禁用四氯化碳灭火器扑救；

（6）凡在高空进行焊割操作，必须使用耐热性能好的安全带，穿胶底鞋，不得使用尼龙安全带等耐热性差的材料。

（7）在金属容器或大口径管道内焊接或切割时，应有良好的通风和排除有毒烟尘的装置，严禁向容器和管道内输入氧气；

(8) 工作完毕或下班时，应把氧气瓶阀门关死，减压器卸下，氧气胶带、乙炔胶带盘好，清理好环境，确认无余火，方可离开现场。工作完毕、工作间隙、工作点转移之前都应关闭瓶阀，戴上瓶帽。

5.3　其他作业安全注意事项

(1) 使用砂轮机时作业人员要戴防护眼镜，身体要站在砂轮片侧面。

(2) 配合焊工固定焊件或对口时，管工必须戴手套，面部不要对着电弧。

(3) 高空作业吊装管线阀门时应与起重工配合好，严禁站在浮摆着的梯子上起重上管。在高空起吊阀门时，必须捆在阀体上，不准绑在丝杠、填料箱或手轮处，防止阀门脱落。

(4) 所用材料和工具不许乱扔乱放，扛管及抬阀门时两人动作要协调一致，严禁说笑打闹。

(5) 在吹扫管线时，管线堵头处不得站人。

(6) 当管路中有压力时，严禁在管路和管件上(阀门、法兰等)进行检修作业(热紧除外)。在拆盲板及法兰时，应先搞清管线内部是否有压力。拆松最后一个螺栓前，要以对角线的形式保留四个或以上的松动螺栓，用撬棍先撬一下，如果有压力可起泄压作用，同时注意头部或身体不要对着撬开口，以防伤人。

(7) 打锤前必须检查周围是否有人或其他障碍物，两人以上打锤要注意打锤方向，不准对面打锤，不准使用有缺陷的锤子。

(8) 组对结构物件时，必须将下部垫平，安装时上部要用拉筋拉牢。组对单扇物件时，要用顶柱将两侧顶牢。筒体、罐体组对时，首先要设好支撑，以免错落伤人。高空组对时，螺栓要准备好，对好物件及时把紧。

(9) 钻眼或打锤时，不得戴手套作业。进行剪切、滚板等操作时，物料要垫平、把稳，操作人员的衣袖、裤脚要扎紧，帽子要戴好。材料切断时，不准立着切断，以免倒塌伤人。

(10) 所用材料及工具不许放在交通要道上及易燃物和电器、机械附近。堆放时，应放平放稳，排列整齐，以免倒落伤人。

(11) 使用电动工具要加装漏电保护器，按照规定穿戴绝缘手套和绝缘鞋，防止发生触电事故。如 2000 年 8 月 5 日，某建设公司在进行输气管道施工，将角向磨光机掉入施工现场泥水中，磨光机被水浸湿，捡起后经简单烘干处理，在未做测试的情况下，就将磨光机通电使用。由于未按规定安装漏电保护器，电工又未按规定戴绝缘手套，在拿取磨光机时触电死亡。

6 监护人的职责及注意事项

(1) 用火监护人应有岗位操作合格证；应熟悉用火区域或岗位的生产过程，熟悉工艺操作和设备状况，应有较强的责任心，出现问题能正确处理，应有处理应对突发事故的能力。

(2) 应参加由企业安全环保部门组织的用火监护人培训

班，考核合格后由安全环保部门发放用火监护人资格证书，做到持证上岗；

（3）在接到“用火作业许可证”后，应在安全技术人员和单位领导的指导下，逐项检查落实防火措施，检查用火现场的情况，用火过程中发现异常情况应及时采取措施；监火时应佩戴明显标志，如穿颜色鲜艳的马甲、戴红袖标、挂胸牌等，用火过程中不得离开现场。

（4）用火结束后，要进行完工验收，保证现场无余火，消防器材复位，断电，料净、场地清，道路畅通。

（5）当发现用火部位与“用火作业许可证”不相符合，或者用火安全措施不落实时，用火监护人有权制止用火；当用火出现异常情况时有权停止用火；对用火人不执行“三不动火”又不听劝阻时，有权收回“用火作业许可证”，并报告本单位领导。

7 以案说法

案例一：某炼化企业爆炸伤亡事故

2006 年 4 月 23 日，某公司合成氨装置净化系统 1#电除尘器电气系统故障，随即将其切出并进行氮气置换。25 日上午，检维修部有关人员到现场检修。8 时 55 分，1#电除尘器采样分析可燃气体含量超标，不符合动火条件。1 名电工提出可将电缆头和闷板拆下，放在平台上用喷灯焊接。10 时 30 分左右办理好用火票后，4 名电工开始作业。13 时 45 分左右，1#电除尘器发生爆炸、顶盖飞出，现场 5 名人员受爆炸气浪冲击受伤，2 人摔至地面，3 人摔倒在附近平台，其中 4 人抢救无效死亡。

违章事实：

（1）在系统不具备动火条件、安全措施不落实的情况下动火作业。

（2）用火过程中忽视监护，监护人不到位。

（3）审批用火票的有关人员不到现场检查确认就签发火票。

案例二：某炼油厂硫磺回收车间原料水罐爆炸事故

2004年10月20日，某炼油厂的硫磺回收车间，酸性水汽提装置V403原料水罐发生撕裂事故，造成该装置停产。为尽快修复破损设备，恢复生产，该炼油厂把抢修作业委托给一安装工程公司。在修复过程中，需要将V406与V407两个水封罐以及原料水罐V402与V403的连接平台吊下。10月27日8时，施工单位施工员带领16名施工人员到达现场。8时20分，在硫磺回收车间设备主任、设备员等人员的指导配合下，施工员带领2名管工开始在V402罐顶进行安装盲板作业。8时25分，吊车起吊V406罐和V402罐连接管线，管工将盲板放入法兰内，并在盲板与法兰之间放入一根电焊条以备吹扫。硫磺回收车间设备员随后指挥对该管线用氮气进行吹扫。8时30分，硫磺回收车间开具了二级用火票。8时45分，吹扫完毕后，管工将法兰螺栓拧紧。9时20分左右，施工员到硫磺回收车间安全员处取回火票，并叫人把火票送给V402罐顶气焊工。同时硫横回收车间设备主任、设备员、监火员和操作工也到达V402罐顶。9时40分，气焊工开始在V402罐顶排气线0.8m处动火切割。9时44分，管线切割约一半时，V402罐发生爆炸着火，造成7人死亡。

该事故的直接原因是：V402 原料水罐内的爆炸性混合气体，因与 V402 罐相连接的 *DN*200 管根部焊缝或 V402 罐壁与罐顶板连接焊缝开裂引起泄漏，遇到在 V402 罐上气割 *DN*200 管线作业的明火或飞溅的熔渣，引起爆炸。

违章事实：

(1) 违反火票办理程序，违规开具用火作业票。

硫磺回收车间在事故当天开具的是二级用火作业票。硫磺回收车间在开具用火作业票时，作业现场盲板尚未加装完毕，动火点 V402 罐物料尚未清退，也未对动火地点进行有毒有害及易燃易爆气体采样分析，用火作业更没有向炼油厂安全环保处汇报，在这种情况下开具动火作业票允许动火，违反了该公司《用火安全管理制度》和炼油厂有关规定。《用火安全管理制度》规定，此处用火应为一级用火，而车间却在厂安全环保等四个职能部门未组织检查检验确认的情况下，自行认定用火等级为二级，签批了二级用火作业票。该火票上动火人、监护人未在火票相应栏目中签字，而由施工员代签。只要求对 V403 罐内有毒有害及易燃易爆气体进行了采样分析，而没有要求对动火地点进行有毒有害及易燃易爆气体采样分析，火票开具时间为当天上午 8 时 30 分，实际动火时间是 9 时 40 分左右，动火时超过采样分析限定时间。

(2) 现场安全管理措施不到位，监督管理工作不力。

10 月 24 日在 V403 罐物料尚未倒空、置换工作还未完成，现场存在有毒有害及易燃易爆气体，硫磺回收车间就组织施工单位进行了检修维修作业的准备工作，违反了该公司《装置停工检修安全管理规定》。

硫磺回收车间10月26日决定用吊车把V406罐和V407罐吊到地面。事发当日，在吊车违章吊装连接V406罐和V402罐之间DN200管线加装盲板时，硫磺回收车间现场管理人员没有履行安全生产合同的规定，即："向乙方明确施工作业区的范围、危险点源及安全管理要求"，"作业过程中，甲方和乙方之间有相互监督的责任，发现'三违'行为，应及时劝阻和制止，并向上级反映"。硫磺回收车间对施工作业现场管理不够，对现场违规作业监督没有到位。

(3) 没有认真执行"四不放过"原则，检修维修方案有漏洞。

该公司及其炼油厂有关领导和机动设备部门没有认真执行"四不放过"原则，V403罐发生撕裂事故后，在事故原因尚未查明的情况下，就开始组织修复施工，属于违章指挥。在制定《V403罐抢修方案》和施工作业风险评价时，没有充分考虑V402罐存在的风险。在组织实施中，炼油厂有关领导和机动设备部门参与力度不够，对硫磺回收车间制定的检修维修方案没有进行及时的跟踪、指导。

(4) 对施工单位施工方案、特种作业人员资格审查把关不严，监督不到位。

硫磺回收车间在安全检修工作环境和条件尚不具备、施工单位施工方案和风险评估报告未获审核批准的情况下，允许施工方进入现场施工，炼油厂机动设备部门也未加制止，违反了检修安全管理的有关规定和安全生产合同。

炼油厂安全环保部门和硫磺回收车间对施工单位气焊工无证上岗作业的情况失察，对进厂施工的特种作业人员资格的审查监督工作不到位。

硫磺回收车间酸性水汽提新装置启用以来，运行一直不太平稳。10 月 20 日 V403 罐发生撕裂事故后，该公司各级有关领导虽然先后到过现场，提出过意见和要求，但对受 V403 罐撕裂影响而发生局部损坏的 V402 罐可能造成的危害和影响重视不够，认识不足。炼油厂及其硫磺回收车间在未查明事故原因的情况下就组织人员抢修。

（5）违反起重吊装作业安全管理规定，吊装作业违章操作。

“10 · 27”事故发生前，吊车在施工现场起吊 *DN*200 管线时，一端与 V406 罐相连，另一端通过法兰与 V402 罐相连，在这种情况下起吊，违反了《起重吊装作业安全规定》。安全检查制度执行不严，对施工现场未进行认真检查。该工程公司与检修维修施工相关的领导和部门负责人，包括部分编制审批方案的人员，在 7 天检修维修期间，没到或很少到过施工现场，对现场作业的危险程度估计不足，对现场情况了解不够。

（6）现场特种作业人员无证上岗，安全培训工作存在漏洞。

在“10 · 27”事故中，在 V402 罐顶动火切割 *DN*200 管线的气焊工，没有金属焊接切割作业操作证，属于无证上岗。该工程公司没有将架子工纳入特种作业人员管理，未做到持证上岗，部分参加 V403 罐施工的架子工只有小学文化程度。工程公司《外用工使用管理暂行办法》，没有按照国家有关“特种作业人员必须具备初中以上文化程序”的规定，制定针对特种作业人员所应具备文化程度上的要求内容，规章制度有不完善的地方。

案例三：某石化公司火灾事故

1988 年 2 月 9 日，某石化公司焦化车间处理加热炉 2in (0. 05m) 备用燃烧油管线凝线问题，将该管线连同伴热线一起用铁锯割断，并用蒸汽吹扫，准备对割断处焊接，用火负责人和焊工分别找车间开了二级用火作业许可证，在看火人未到、安全措施不落实的情况下即开始动火，火星掉到下水井口上，引燃下水井内瓦斯发生爆燃，并窜入只有 20m 远的污水明沟，引发大火。该市和有关企业先后出动 47 台消防车赶赴现场灭火，经过两个小时的扑救将火扑灭。这次事故将焦化车间仪表室内仪表全部烧毁，靠污水沟边管带被烧毁 230m，12 条管线烧毁变形。

违章事实：

(1) 违反用火管理制度规定，把一级用火当作二级用火签发用火作业许可证；

(2) 开出许可证后，有关人员没有到现场检查落实安全措施，现场只把距动火地点 1. 2m 处的下水井用破布堵了一下；

(3) 作业过程中看火人不在现场。

第三章　进入受限空间作业

1　范围

石油化工生产中的炉、塔、釜、罐、仓、槽车、管道以及附属设施如烟道、隧道、下水道、沟、坑、井、池、涵洞等封闭、半封闭的设施及场所等统称为受限空间，这些设备及容器经过运行、使用以后，需要人员进入内部进行检查维修、清扫等工作，由于这些受限空间内作业条件较差，大多数介质都属有毒、有害或者窒息性物质，稍有疏忽，就可能发生事故，所以，在进入受限空间作业前，应办理“进入受限空间作业许可证”，使作业活动处于严格的受控状态，进入受限空间涉及用火、高处、临时用电等作业时，应办理相应的作业许可证。

2　危害因素

因为受限空间内可能盛装过或积存有毒有害、易燃易爆物质，如果工艺处理不彻底，或者对需要进入的设备未有效隔离，导致可燃气体、有毒有害气体残留或窜入等，若作业时对作业活动的危险性认识不足，采取措施不力，违章操作等，就可能发生着火、爆炸、中毒窒息事故，受限空间内可能有各种机械动力、传动、电气设备，若处理不当、操作失误等，可能发生机械伤害、触电等事故。当在受限空间内进行高空作业时，可能造成高空坠落。

3 防范措施

3.1 施工方案制订及危害识别

根据作业内容，制订作业施工方案。组织相关人员对进入受限空间作业的全过程进行危害识别，包括对所接触到介质的物理、化学特性、毒性、进出设备的物料、管道、阀门情况，设备内的温度，压力等情况进行辨识，对各类危险因素制定相应的控制措施，并对可预见的事故编制应急预案。应急预案内容包括作业人员紧急状况时的逃生路线和救护方法，现场应配备的救生设施和灭火器材等。将以上内容告知作业人员和监护人。

以 $2\times10^4m^3$ 外浮顶原油罐检修为例，进行危害识别，结果如下：

检修内容:更换中央排水管、加热器、刮蜡机构、罐底板,重新做内防腐,更换阳极块,修补浮顶。通过工作危害分析(JHA)方法,得出该检修过程中的重大风险清单,见表3-1。

表3-1 原油罐检修重大风险清单

序号	工作任务	危害因素	主要后果	采取的安全措施
1	清　罐	原油挥发出的可燃气体	火灾爆炸	(1) 对所有作业人员进行教育并考试，使其了解危害因素 (2) 在人孔处设风机，强制通风 (3) 相连的管线加盲板，防止外部可燃气体串入罐内 (4) 穿不产生静电的工作服，使用防爆工具和防爆电气设备 (5) 雷雨天停止作业 (6) 在原油罐内部及周围严禁使用任何移动通讯工具

续表

序号	工作任务	危害因素	主要后果	采取的安全措施
1	清 罐	原油挥发出的可燃气体	中毒窒息	（1）佩戴长导管面具 （2）半小时换班一次
		清理出的油垢和残渣	燃烧、爆炸，污染环境	进行密闭，及时运出
2	清罐后动火修补罐壁漏点	残留油气	火灾爆炸	（1）加强通风，化验合格后方可作业 （2）落实监护人，做好应急救援的准备工作 （3）重点关注浮顶周围的密封橡胶部分，此处极易“隐藏”油气，对其他附件附近的油垢也要清理干净
		高处作业	高处坠落	（1）脚手架经验收合格 （2）作业人员系安全带，戴安全帽
3	拆除旧加热器	管线内残存原油	火灾爆炸	（1）先用蒸汽蒸线，化验分析合格后再拆除 （2）使用防爆工具和防爆电气设备
4	拆除旧排水管	管线内残存原油	火灾爆炸	（1）先用蒸汽蒸线，化验分析合格后再拆除 （2）使用防爆工具和防爆电气设备
5	内防腐	油漆挥发出有毒、可燃气体	中毒窒息	（1）施工人员戴防毒面具，每半小时轮流到罐外休息 （2）罐内不能同时进行用火作业或使用非防爆电气设备、工具
		通风不良		在人孔处设风机，强制通风
		高处作业	高处坠落	脚手架经验收合格，作业人员系安全带，戴安全帽

3.2 工艺处理

做好设备交出前的工艺处理是保证进入受限空间作业安全的前提条件，其内容包括停车、卸压、降温、抽堵盲板、置换、卸料、清洗、清扫等工作，从而使检修设备与运行系统或不置换系统进行有效隔绝，达到常温、常压、无毒无害的安全状态。隔绝措施必须保证绝对可靠(可采取插盲板或卸去一段管道的办法，但端口应盲死)；不得用关闭阀门代替安装盲板时，阀门处应挂牌标示。

如1999年10月15日，某公司停车检修，18日进行蒸汽扫线交出检修，某安装公司承接该装置酸性气小分液罐破沫分离网更换工作，20日上午8时左右，两名职工开始拆卸破沫分离网，作业前，车间技术员交代作业人不要进罐，在罐外用耙子将破沫分离网和渣子耙出，但作业中一人擅自进入罐内掏渣子，一人在外接运，约15min后，发生硫化氢中毒倒在罐内，抢救无效死亡。事故的主要原因是车间没有进行吹扫、蒸煮、没取样分析、确认合格后采取盲板隔离措施的情况下就将设备交出检修，致使罐内残存有硫化氢，事故后1h取罐内残渣样分析，上部气相硫化氢浓度高达100mg/m^3。

带有搅拌器等转动部件的设备，应在停机后切断电源，摘除保险或挂接地线，并在开关上挂“有人工作、严禁合闸”警示牌，必要时派专人监护。

3.3 环境处理

在设备外的现场应配备一定数量符合规定的应急救护器具和灭火器材。对于接触酸碱的罐内作业，预先应准备好大量的清水，以供急救用。罐内作业要按设备深度搭设安全梯及架台，配备救护绳索，以保证应急撤离。设备的出入口内外不得有障碍物，保证其畅通无阻，便于人员出入和抢救疏散。一旦发生事故，进罐内抢救困难的作业，入罐前作业人员就应系好安全带，进入罐内作业时，监护人应握住安全带的一端，随时准备好把操作人员拉上来。

3.4　作业环境化验分析

取样分析应有代表性、全面性。设备容积较大时应对上、中、下各部位取样分析，应保证设备内部任何部位的可燃气体浓度和氧含量合格(当可燃气体爆炸下限大于4%时，其被测浓度不大于0.5%为合格；爆炸下限小于4%时，其被测浓度不大于0.2%为合格；氧含量19.5%~23.5%为合格)，有毒有害物质不超过国家规定的“车间空气中有毒物质最高容许浓度”的指标(分析结果报出后，样品至少保留4h)。设备内温度宜在常温左右，作业期间应至少每隔4h取样复查一次，如有1项不合格，应立即停止作业。必须注意的是盛装有毒有害介质的容器还必须做有毒有害气体分析，不能以可燃气体浓度代替，如一氧化碳含量不超过0.5%可允许动火，但这一含量相当于6250mg/m^3，超过工业卫生标准(30mg/m^3)的200倍，这一浓度足以引起严重中毒甚至死亡。

3.5　现场确认及办理作业许可证

在进入受限空间作业前，应办理“进入受限空间作业许可证”。进入受限空间作业许可证由车间(基层单位)安全技术人员统一管理，车间(基层单位)领导负责审批。签发作业许可证必须认真负责，审批人要到现场进行全面检查，要根据作业许可证中的安全措施逐条检查落实，不能光听汇报，或委托他人复查，盲目审批，更不能随意委托作业单位自查、自签作业许可证。作业许可证作为现场作业的依据，不能涂改，如确需修改，应经签发人在修改内容处签字确认。

3.6 作业过程的管理与监护

作业单位和设备所在单位不是同一单位时，双方应各派一名作业监护人。监护人员与设备内作业人员加强联系，时刻注意被监护人员的工作及身体状况。作业人员根据工作需要穿戴合适的劳保用品和防毒面具，佩戴安全带等。在特殊情况下(比如受限空间内无法进行有效处理或分析不合格，又必须进入作业时)，作业人员必须佩戴隔离式防毒面具，穿防静电工作服，使用防爆工具。清理有毒残留物质时，作业人员衣袖、裤子不得卷起，皮肤不要裸露，接触酸、碱等腐蚀性介质时，应戴防护眼镜、面罩、毛巾，保护面部和颈部。应控制进入受限空间作业人员数量，进入受限空间内的作业人员每次工作时间不宜过长，应安排轮换作业或休息。

进入受限空间作业，不得使用卷扬机、吊车等运送作业人员，因为遇到停电等异常时，作业人员很难及时脱离危险区域。作业人员所带的工具、材料需进行登记，严禁将与作业无关的物品带入设备内，设备内的管口要采取封闭措施，防止物品掉进管道内，造成投运后堵塞管线。

为保证受限空间内空气流通和人员呼吸需要，可采用自然通风，必要时采取强制通风方法，但严禁向内充氧气。在特殊情况下，作业人员可戴长管式面具、空气呼吸器等，但佩戴长管面具时，一定要仔细检查其气密性，同时防止通气长管被挤压，吸气口应置于新鲜空气的上风口，并由专人监护。

进入受限空间作业应使用安全电压和安全行灯。进入金属容器(炉、塔、釜、罐等)和特别潮湿、工作场地狭窄的非金属容器内作业时照明电压 ≤12V；当需使用电动工具或照明电压>12V 时，应按规定安装漏电保护器，其接线箱(板)严禁带入容器内使用。当作业环境原来盛装爆炸性液体、气体等介质的，则应使用防爆照明或电压≤12V 的防爆安全行灯，行灯变压器不应放在容器内或容器上。

以上措施如在作业期间发生异常变化，应立即停止作业，为防止人员误入，在受限空间的入口处设置“危险！严禁入内”警告牌，待处理并达到安全作业条件后，方可再进入设备作业。

作业人员在作业前确认作业许可证中所列的安全防护措施已经落实，征得监护人同意后，方可进入受限空间内作业，对安全措施不落实、作业监护人不在场或不履行职责等情况时有权拒绝作业；作业人要服从监护人的指挥，禁止携带作业器具以外的物品进入受限空间。作业人在作业中如发现情况异常或感到不适和呼吸困难时，应立即向作业监护人发出信号，迅速撤离现场，严禁在有毒、窒息环境中摘下防护面罩。

出现有人中毒、窒息的紧急情况，抢救人员必须佩戴隔离式防护面具进入设备，并至少有一人在外部做联络工作。这一点非常重要，发生事故后抢救工作理应分秒必争，但须沉着冷静并正确处理，不能盲目抢救，各行业都曾经发生过多起因施救不当造成伤亡扩大事故的教训，仅 2006 年 1~8 月份，全国共发生因施救不当造成伤亡扩大的重大事故 25 起，这些事故发生时遇险人员为 41 人，但由于施救不当，导致事故扩大，造成59名施救人员死亡。所以，忽视防护，必出事故，盲目救援，徒增伤亡。当发生有人中毒、窒息的紧急情况时，在场的领导应主动负责指挥，抢救人员除佩戴好防护器具外，还要采取通风排毒等措施；受害者撤离现场后，可采用一些简单的方法如人工呼吸等进行抢救。

3.7 作业结束后的处理与验收

凡经过检修的设备均应逐台进行全面系统的安全检查，确认无误后方可交接进行试车。检查的重点是：

(1) 所有计划检修项目是否完成、有无漏项；

(2) 抽堵盲板是否处理好，有无该堵的没堵，该拆的没拆；

(3) 设备的安全设施是否恢复，检修质量是否达到要求；

(4) 设备内有无杂物；

(5) 各种管线、阀门是否处于正常开车的位置；

(6) 电机的接线是否正确；

(7) 各种临时电线是否清除；

(8) 机、电、仪是否具备开车条件。

经检查合格后，方可办理设备交接手续。

4 监护人职责及注意事项

(1) 作业单位的监护人主要负责作业人员的管理，包括劳动防护用品的使用、作业方法、作业工器具等；设备所在单位的监护人重点负责紧急情况下的处置和对外联络，确保作业区域环境安全可靠。

需要强调的是，现场作业监护人也不是越多越好，我们在实际工作中常会看到这样的情况，即一个危险性较大或者比较重要的作业活动，往往各相关职能部门的人员、施工单位的负责人、施工区域所在单位的负责人、安全管理人员等都在作业现场以示重视，这种情况不利于作业安全，不仅给作业人员带来压力，也不利于发生突发事故时的逃生疏散，尤其是在高处平台或者作业场地狭窄的环境作业时。

（2）作业监护人应熟悉作业区域的环境和工艺情况，有判断和处理异常情况的能力，懂急救知识。

（3）作业监护人在作业人员进入受限空间作业前，负责对安全措施落实情况进行检查，发现安全措施不落实或安全措施不完善时，应制止作业。

（4）作业监护人应清点出入受限空间作业人数，并与作业人员确定联络信号，在出入口处保持与作业人员的联系，监护人应位于能经常看见罐内作业全部人员的位置，目光不得离开作业人员，除了向罐内作业人员递送工具、材料外，不得从事其他工作，更不准擅离岗位。

（5）当发现异常情况时，应及时制止作业，并立即采取救护措施；监护人只应从事罐外的急救工作，在无人代理监护的情况下，监护人不得进入罐内，抢救人员不采取任何防范措施不允许冒险入罐救人。

（6）作业监护人应随身携带进入受限空间作业许可证，并负责保管。

5　以案说法

案例一：丙烯回收罐清罐作业闪爆事故

2002 年 11 月 4 日，某石化公司合成橡胶厂聚丙烯车间安排清理高压丙烯回收罐（R－104a）和原料罐（R－101a、

R-101b、R-101c）内的聚丙烯粉料。车间通过合成橡胶厂销售部管理的聚丙烯转运队找来4名民工进行清理。11月5日下午，对罐内气体采样分析，可燃气体含量为1.33%，远远超过不大于0.2%的指标要求。车间工段技术员丁某违章指挥，安排民工清理R-101c。11月6日上午，未进行采样分析，清理了R-101a。6日下午14时30分，对高压回收罐R-104a采样分析，丙烯和氧含量均不合格。15时20分再次采样分析，丙烯含量为1.84%，不合格。16时39分，车间二班副班长胡某电话向丁某询问分析结果，丁某在电话中表示合格了，指示胡某安排民工进罐作业，并安排人在罐外监护。胡某随即安排民工廖某、袁某和李某开始进入罐内作业，胡某和另一名民工杨某在外监护。16时45分即发生了爆炸，火柱从人孔处喷出约3m高。罐内作业的3人及罐外2名监护人员被不同程度烧伤。罐内作业3人被送往医院抢救，其中廖某于当日18时死亡，袁某于25日死亡，李某重伤。罐外监护人杨某、胡某轻伤。

事故原因：

事故的直接原因是高压丙烯回收罐置换不彻底，罐内的残存气体及聚丙烯粉料被搅动过程中挥发出的丙烯气体与空气混合，形成了爆炸性混合气体。工段技术员丁某严重违章，在气体分析不合格的情况下，安排人员进罐作业。胡某在未见到合格的气体分析单，没有开具进设备作业票的情况下传递违章作业指令。作业过程中使用的铁锹与罐壁摩擦产生火花，引起闪爆，导致了事故的发生。

违章事实：

（1）事故发生前的11月5日及6日上午，分别在气体分析不合格或未进行气体分析的情况下，开具进设备作业票，安排民工进罐作业。

（2）有关职能部门对危险作业重视不够，车间没有按规定编制作业方案和安全技术措施，有关职能部门也未提出任何要求。

（3）在 2 天的作业过程中，安全监督管理人员没有到现场检查，没有及时发现和制止无证进罐的严重违章行为。

（4）没有执行外来人员安全教育制度，4 名作业民工中只有 1 人有入厂安全教育记录，作业人员不具备最基本的安全防范意识。

案例二：某油库清罐爆炸事故

2001 年 12 月 13 日，湖南某油库对一座 5000m^3 覆土油罐进行清罐准备工作，油库主任、副主任、仓储股长等人在没有顶水排净罐内底油的情况下，就拆开油罐人孔，罐内油气外泄充满罐通道，而此时他们不按规定对油气浓度进行检测和分析，就使用防爆性能不完好的鼓风机在管道内通风，导致发生爆炸，覆土罐顶和钢罐顶被炸开塌陷，罐内残油烧尽。事故中烧伤 4 人，烧毁 5000m^3 钢罐一座，烧损 90 号汽油 42. 5t。

违章事实：

1. 没有执行《油罐清洗安全技术规程》。

2. 不进行油气浓度检测，使用不防爆设备。

案例三：某建设集团窒息死亡事故

2006 年 2 月 20 日 10 时 30 分左右，某建设集团化建公司球罐分公司经理马某、副经理余某、技术员赵某及工人史某按照公司的安排，到合成氨装置火炬系统检查蒸汽伴热系统冻堵情况。当检查卧式阻火器水封罐(ϕ2. 4m×8. 9m)罐内是否有漏点时，余某与赵某将罐顶人孔盖(ϕ480mm)卸开，余某先下到罐内进行检查，因罐内充满氮气(合成氨装置已于2006年1月2日全线停车抢修，并用氮气对全系统保护，未投入生产)，晕倒在罐内。赵某发现后钻进罐救人又晕倒在罐内，马某随后拴上绳进到罐内再次救人，也晕倒在罐内。随同在场的工人史某立即呼救，施工现场附近的两名司机赶到施工现场将马某拖出，同时报警。医护人员和消防队员先后到达现场，将余某和赵某抬出，经现场抢救无效，马某三人均因氮气窒息死亡。

事故原因：

未按规定在危险危害部位设置明显标识；对火炬系统区域失控漏管，对外来施工人员进厂作业无人监管。施工人员在进入阻火器水封罐内进行检修作业前，违反安全生产规章制度，未办理有限空间作业票，未作有毒有害气体采样分析，也没有采取有效的防护措施，盲目进入罐内，违章作业。

案例四：某石化公司中毒死亡事故

2003年9月9日13时20分，某石化公司石化四厂丙酮氰醇装置工艺员兼设备员郑某安排综合维修队顾某、杨某、魏某、范某4人到丙酮氰醇装置二楼清洗半成品储罐。14时20分，坐在该储罐顶人孔部位上用绳绑桶从罐底向上运送废水的顾某和杨某发现从罐内打出的废水有异味，顾某未采取任何防范措施便进入罐内检查，发生中毒。郑某得知后，马上戴上长管呼吸器下到罐内抢救顾某，当郑某用绑桶的绳子系住顾某的腰部后，也中毒倒下。在罐顶的杨某马上叫魏某到氰化钠车间找人进行抢救，丙酮氰醇车间书记和主任得知后立即向厂急救站报告，并组织车间人员佩戴好防毒面具，用绳子将顾某从储罐内拉出，送医院抢救无效死亡。由于储罐内空气中有害气体浓度经测试超标严重，储罐人孔直径为500mm，抢救人员佩戴呼吸器无法进入罐内，为防止造成更大的伤亡，在采取通风等各种有效防范措施后，于18时10分将郑某从罐内救出，郑某已经死亡。

事故教训：

在对罐内介质物化性质不清楚、没有办理进入受限空间作业票的情况下，违章作业，盲目进入罐内中毒死亡；郑某在未采取有效防范措施情况下，贸然险进入储罐抢救他人而致使本人死亡。

第四章　盲板的抽堵作业

石油化工生产工艺流程连续性强，设备管道紧密相连，设备与管道间虽有各种阀门控制，但在生产过程中，阀门构件长期受内部介质的冲刷和化学腐蚀作用，严密性能大大减弱，有可能出现微量甚至局部泄漏，所以在设备或管道检修时，如果仅仅用关闭阀门来与生产系统进行隔离，往往是不可靠的，在这种情况下，盲板是最有效的隔离手段。在动火、进入受限空间作业等过程中，因未采取有效的隔绝措施而造成火灾、爆炸、中毒、窒息等事故的教训很多。如1998 年 6 月 7 日，某石化炼油厂二催化裂化车间在开工过程中已拆掉盲板，安装时发现必须动火，车间主任请示领导重新加上盲板后再动火，领导违章指挥，认为不需要加。在盲板已拆除的情况下开始进行动火作业，焊渣落到平台上，引燃了盲板法兰处冒出的油气，发生火灾，造成一人重伤，五人轻伤。

1　危害因素

1.1　盲板本身给系统带来的影响

如果盲板本身有缺陷或者其材质、厚度达不到要求，或者安装不规范，如所加垫片不合格等，就有可能起不到有效的隔离作用。比如 2004 年 10 月 11 日，某市化肥厂停工检修，重点焊补合成氨系统碳化清洗塔，从 9 时开始，对系统进行了泄压、置换、上盲板隔离、清洗、通风，塔内气体取样分析合格。9 时 45 分，焊工开始动火作业，15min 以后，焊接处发生爆炸，焊工当场被炸死，其助手重伤。后经多方分析和调查，发现一与生产系统相连的盲板上有穿透性裂缝，该裂缝泄露了可燃性气体，引起了本次动火的爆炸事故。另外，如果盲板强度不够，在使用过程中可能会发生破裂，失去隔离的作用，所以对盲板本身的检查尤其应该引起注意，切不可认为加了盲板就万无一失了。

1.2　盲板拆装作业的危害因素

盲板的拆装作业本身有可能发生物体打击、高空坠落、火灾、爆炸、中毒窒息等事故。

在作业过程中，如工作人员站位不好、使用工具有缺陷、操作失误、有关人员配合不好等，有可能发生物体打击事故。在高处作业时，若使用的劳动防护用品不合格或不正确使用，如安全带、脚手架缺陷等，有可能发生高处坠落事故；高处作业时，操作失误也可能发生高处坠物，砸坏下部的设备、管线，或者砸伤人员。若系统置换、清洗不彻底，残留易燃易爆或有毒有害介质，使用的工具不防爆或者所穿戴劳动保护用品不合格，在作业过程中有可能发生火灾、爆炸或者中毒窒息事故。

2　防范措施

2.1　盲板材质、规格要求

(1) 盲板的材质、厚度应与介质性质、压力、温度相适应，严禁用石棉板或白铁皮代替盲板，也不能用关闭阀门来代替盲板。盲板要平整、光滑，经检查无裂纹和孔洞，高压盲板应经探伤合格。制作盲板可用 20 号钢、16MnR，禁止使用铸铁、铸钢材质。

(2) 管线中介质已经放空或介质压力≤2.5MPa 时，可以使用光滑面盲板，其厚度不应小于管壁的厚度，或根据表 4-1 选取。

表 4-1 光面盲板厚度规格表

压力/MPa 厚度/mm 直径/mm	1.0	1.6	2.5
25	4	4	4
32	4	4.5	4.5
40	4	4.5	4.5
50	6	6	6
65	6	8	8
80	6	8	8
100	8	8	10
125	8	10	12
150	10	12	14
200	12	14	18
250	14	16	20
300	16	20	24
350	18	22	26
400	20	24	30

管线中介质没有放空且压力>2.5MPa 时，或者需要其他形式的盲板，如凹凸面盲板、槽型盲板、8 字盲板等，应委托设计单位进行核算后选取。盲板的直径应大于或等于法兰密封面直径，应按管道内介质性质、压力、温度选用合适

的材料制作盲板垫片。盲板应有手柄，便于安装、拆卸和辨认。

2.2 盲板的拆装

根据作业方案，制定抽堵盲板流程图，对需要抽堵的盲板统一编号，注明抽堵盲板的部位和盲板的规格，并指定专人负责和现场监护，防止漏拆漏装。对抽堵盲板的作业人员和监护人员进行安全教育，讲清安全措施，一般规定谁装谁拆，实行作业人员、管理人员层层确认。

操作前要检查设备及管道内压力是否已降到与大气压力一样，残液是否已排净。加盲板的位置，应在有物料来源的阀门的另一侧，盲板两侧均应安装垫片，所有螺栓都要紧固，以保持严密性。

拆装盲板时要采取必要的安全措施，高处作业要搭设脚手架，系安全带；若系统中有易燃易爆介质或有毒介质，要佩戴或空气呼吸器，使用防爆工具，周围不得进行用火作业。拆卸法兰时应隔一个螺栓逐步松开，以防管道内余压或残料喷出伤人；如果盲板处距离两侧管架较远，要采取临时支架或吊挂措施，防止拆开法兰螺栓后管线下垂伤人。

生产单位在交付施工单位进行盲板施工作业时，应由生产单位管理人员到现场给施工人员交底，并进行作业确认，作业完成后经检查验收合格方能离开现场。

2.3 《盲板作业证》的管理

各生产单位应设立盲板管理负责人，统一负责本单位的盲板管理工作。在装置大检修过程中应安排专人对盲板进行统一管理，每个盲板设标牌标明编号，盲板的安装、拆卸作业需办理《盲板作业证》。盲板作业证可参照表 4-2：

表 4-2 盲板作业证

单位名称：　　　　　　　　　　　　　　　　　　负责人：

序号	设备管线名称	管径	介质	拆、装部位	盲板		作业内容		交底或验收人	作业人	作业时间
					规格	编号	安装	拆卸			
1											
2											
3											

《盲板作业证》由生产单位办理。经本单位负责人审批后，交施工单位确认、实施作业。盲板作业票最好一式三份，一份由生产单位存档、一份由生产单位交底人保存，一份交施工单位作业人。严禁涂改《盲板作业证》。变更作业内容，扩大作业范围或转移作业部位时，须重新办理《盲板作业证》。对作业审批手续不全、安全措施不落实、作业环境不符合安全要求的，作业人员有权拒绝作业。

3　以案说法

案例一：提前拆盲板造成爆炸

1986 年 5 月 22 日，某化肥厂因外供电网停电而检修，检修未结束提前拆盲板，导致爆炸，造成 4 人死亡、5 人轻伤的重大事故。这次趁电网停电机会进行检修的主要任务是，合成车间铜洗再生器更换盘管。凌晨 3 时，系统停车后，2 名操作工根据安全检修的要求，在铜洗氨回收塔出口阀上加堵了盲板，已与半水煤气隔绝，并办好了动火证。10 时开始动火检修。白天铜洗再生器内检修工作一直没有问题，到吃晚饭时，还有需要焊接等检修工作没完，打算吃完饭再干。19 时器内检修人员离开现场去吃晚饭，此时，铜洗副工段长不了解再生器内动火等检修工作还没有完成，就想趁天还没黑，快把盲板拆掉。于是他带领 1 名工人把氨吸收塔出口阀上的盲板拆掉了。事先不了解情况，事后又不向有关人员报告。晚饭后，检修工回到再生器内继续进行检修工作，致使 22 时 15 分半水煤气气柜充气放水封开车时，半水煤气沿回收管线倒入再生器管道，由于阀门泄漏，半水煤气倒入再生器内，与空气混合达到爆炸范围，遇电焊火花而引发化学爆炸。气浪将检修工人从 7m 高的平台上推出坠落，当场死亡 3 人，经抢救无效死亡 1 人，另有 5 人轻伤。

违章事实：

(1) 根据“厂区盲板抽堵作业安全规程”的规定，检修需要抽插盲板，生产单位应绘制盲板图。何时插、何时抽应注明条件，并只能由项目负责人指挥这项工作，目的就是防止条件不到位和中途条件变化，提前抽、插而发生事故。

(2) 对于分析合格的动火场所，在动火过程中也要随时进行监测，以免情况发生变化。检修工吃晚饭时，盲板被拆除了，盲板后管道内的可燃气体会反向扩散到再生器内。针对情况变化没有重新进行分析。

案例二：装盲板过程中物体打击伤亡事故

2003 年 5 月 27 日 4 时 50 分左右，某化工厂停产大检修，重碱车间在给一处位于距地面 4m 多高的管道加盲板的过程中，由于管内结疤，民工刘某和于某虽然松开螺帽，但盲板仍插不进去。于是，刘某就用撬杠撬，于某在法兰口用楔子撑。此时，法兰之间仅有 4 个螺栓，这 4 个螺栓当中，其中 1 个仅有 2 扣带在螺帽上，其余 3 个螺栓仅有 1 扣带在螺帽上。在这种情况下，于某的楔子掉下去1个，另一职工郭某叫地面待命(现场服务)的孙某去捡掉下来的楔子，孙某过去捡楔子时，刘某仍用力敲法兰，致使4个仅有1~2扣的螺帽脱开，法兰移出，使U形管下部的塑料管断开，继而带有几个弯头和短管(铸铁)的组合管坠落，坠落后的组合管反弹砸到捡楔子的孙某，孙某送医院后抢救无效死亡。

违章事实：

(1) 车间领导违章指挥。经调查，该车间安排了正式职工和几名民工共同进行抽加盲板的作业。而在距地面4m多高处抽加盲板是一项集工艺、机械、起重技术于一体的综合性作业，民工的本职工作是进行清塔，不是技术工人，不具备从事技术工作的能力，领导安排民工进行这项工作属违章指挥，是事故发生的主要原因。

(2) 作业工人麻痹大意，违反操作规程。安全操作规程中明确规定：抽加盲板工作要有专人负责，根据设备、管道内的介质、压力、温度以及现场条件，制定必要的安全措施，办好安全检修证，向参与工作的成员详细交代检修任务和安全措施；对所要拆落的管道，如距支架较远、悬臂太长有可能断裂的，应将管道的两端吊稳或加临时支架。而该检修项目没有制定合理的安全措施，没有监护人，而且是对距地面4m多高处的U形管道(一段为塑料；另一段为铸铁，直径为35cm，质量为500kg的管子)加盲板，作为一段塑料、另一段铸铁的U形管，由于材质不同，当铸铁管一端的螺丝松动(卸螺丝，加盲板)时，U形管失去平衡，塑料材质一端的作用力增大，因而有断落的可能。在这种情况下，应按照抽加盲板安全操作规程在铸铁管一端进行吊拉，防止断落。而作业者没有进行吊拉，违反了操作规程，是该事故的又一个主要原因。

（3）职工的安全意识淡漠。刘某和于某知道下面有人捡楔子，还用力撬法兰，尤其在法兰螺栓仅有 1～2 扣的情况下，他们还用力撬法兰，致使螺帽脱开，法兰移出，下部塑料管断裂；孙某明知道上面有人作业、敲打管子，他没有采取任何安全措施就到管子下捡楔子，是事故发生的又一原因。

（4）车间安全管理人员对现场监督管理不够。车间安全客理人员在夜间施工过程中，没有加强巡回检查，对民工的违章操作行为没及时发现制止。

该事故的发生还给我们以下启示：

目前，很多企业在对外来务工人员的使用上存在一定的问题。被招到工厂后往往是从事简单的体力劳动，像装卸工、清理工、油漆工等。但是，现在由于种种原因，企业在用工时，对农民工的使用比较混乱，不管招他来是干什么的，哪里需要就往那里安排，也不管他能否胜任，从而引发事故。因此，招工时招的什么工种，就应该让其干什么工种，需要干一些其他的技术工作时，必须对其进行技能培训且培训合格。

石油化工企业具有易燃、易爆、易中毒、高温、高压、工艺设备复杂等特点，因而在整个生产厂区存在很大的危险因素，这样的生产特点要求所用的人员都必须具有一定的科学文化知识、危险辨识能力和自我保护能力。而目前，有的企业在招收农民工时，忽视职工的个人素质，文化水平太低，有很多农民工甚至没有上小学，进行安全教育都听不懂，让他们保证操作不出事，实在太难。而一旦发生事故，所造成的损失往往又是惨重的。《安全生产法》明确规定：用人单位必须对从业人员进行安全教育和培训。所以对农民工业应该和正式员工一样，加强日常安全教育，比如和正式员工一起参加班组安全活动，进行定期专题培训等，只有他们的安全意识和安全技能提高了，才可以减少在生产中发生事故的可能性。

第五章　高处作业

1　范围

高处作业是指在坠落高度基准面2m以上(含2m)，有坠落可能的位置进行的作业。从作业位置到最低坠落着落点的水平面，称为坠落高度基准面。

根据《厂区高处作业安全规程》(HG 23014—1999)，高处作业分为特殊高处作业、化工工况高处作业和一般高处作业。化工工况高处作业又包括：在坡度大于45°的斜坡上面进行的高处作业；在升降(吊装)口、坑、井、池、沟、洞等上面或附近进行的高处作业；在易燃、易爆、易中毒、易灼伤的区域或转动设备附近进行的高处作业；在无平台、无护栏的塔、釜、炉、罐等化工容器、设备及架空管道上进行的高处作业；在塔、釜、炉、罐等设备内进行的高处作业。

2　危害因素

石油炼制装置多数为多层布局，高处作业的机会比较多，如设备管线拆装、阀门检修更换、防腐刷漆保温、仪表调校、电缆架空敷设等。高处作业，事故发生率高，伤亡率也高。在建筑施工、检维修、工程抢修等过程中，由于作业环境的特殊性，各种事故时有发生，其中以高处坠落事故居多。

高处作业的危害主要是高处坠落。造成高处坠落的原因主要是：

（1）作业人员没有遵守高处作业的安全要求，如从事高处作业人员缺乏安全思想和安全技能，身体条件较差；

（2）高处作业不挂安全带、不戴安全帽、不挂安全网；

（3）梯子使用不当或梯子不符合安全要求；

（4）不采取任何安全措施，在石棉瓦之类不坚固的结构上作业；用力不当、重心失稳；工器具失灵，配合不好，危险物料伤害坠落等。

另一个重要原因是使用的机具、现场未达到安全标准，与高处作业相关的各种物体和安全防护设施有缺陷等，如：

（1）洞、坑无盖板或检修中移去盖板；

（2）平台、扶梯的栏杆不符合安全要求，临时拆除栏杆后没有防护措施，不设警告标志；

（3）脚手架有缺陷等。

另外还有高处作业时没有安全措施冒险蛮干，违反劳动纪律酒后作业，也有的擅自拆除、移动或在施工过程中损坏未及时修理等。

3 防范措施

3.1 对作业人员的要求

禁止患有高血压病、心脏病、贫血、癫痫病等人员从事高处作业；对疲劳过度、精神不振和思想情绪低落人员要停止高处作业；严禁酒后从事高处作业。高处作业人员的个人着装要符合安全要求。如，根据实际需要配备安全帽、安全带和有关劳动保护用品；高处作业人员应系用与作业内容相适应的安全带，安全带应系挂在施工作业处上方的牢固构件上，不得系挂在有尖锐棱角的部位，安全带系挂点下方应有足够的净空。如 2000 年 12 月 21 日，某炼化公司芳烃车间安排对球罐外部清扫除锈，做刷漆准备。负责清扫工作的某防腐公司卢某等 4 人违章将安全带挂在球罐上部的冷却水喷淋管线上，进行罐体清扫。15 时 45 分，卢某戴的安全帽脱落，击中球罐石英管液位计低点放空球阀的手柄，造成阀门开启，大量压力为 0. 6MPa 的丙烯外泄，遇 10m 外脱水线改造动火的火源，引发火灾，卢某的安全带被火烧断后从 7m 高处摔下，落地后被摔死，动火作业的气焊工轻度烧伤。图 5-1 为作业现场作业人员在进行脚手架搭设作业，工人不系安全带或者安全带未按要求高挂低用，一旦不慎发生高处坠落，后果不堪设想。

事实上，虽然规定在坠落高度基准面 2m 及以上才属于高处作业，并不一定说低于 2m 的高处作业就可以不作防护

图 5-1 工人在进行脚手架的搭设作业

或降低防护标准，从低于2m处坠落同样能导致伤亡事故，如2001年4月，某炼化企业农民工在生产装置进行保温作业时，一农民工脚踏高度1.82m的阀门手轮上，因用力不均，手轮转动，造成摔伤。

进行高处作业，不仅要系好安全带，也要正确佩戴安全帽，系好下颌带。如1993年3月12日，某厂机修厂一名工人在检修中，站在离地面1.5m高、固定在水泥柱上的角铁上(排凝线的卡铁)，割除催化气压机入口管线上一直立的排凝管线，管线割断后，因角铁强度不够被扭断，人坠落摔倒，因该工人戴安全帽未系好下颌带，安全帽被甩出，致使头部摔伤。

高处作业人员不得站在不牢固的结构物上进行作业，不得高处休息。不准穿高跟鞋、拖鞋或赤脚作业，如果是悬空高处作业要穿软底防滑鞋。不准攀爬脚手架或乘运料井字架吊篮上下，也不准从高处跳上跳下。冬季严寒作业时应采取防冻防滑措施或轮流进行作业。

3.2 作业过程防范措施

(1) 办理作业许可证并制定应急措施

《高处安全作业证》审批人员要到高处作业现场，检查确认安全措施后，方可批准高处作业。制定应急预案，内容包括：作业人员紧急状况时的逃生路线和救护方法，应急联络信号等。现场应配备的救生设施和灭火器材等。施工项目所在单位与施工单位现场安全负责人应对作业人进行作业中可能遇到意外时的处理和救护方法等必要的安全教育培训。

(2) 工器具要求

不符合高处作业安全要求的材料、器具、设备不得使用。高处作业所使用的工具、材料、零件等必须装入工具袋，上下时手中不得持物；不准投掷工具、材料及其他物品；易滑动、易滚动的工具、材料堆放在脚手架上时，应采取措施，防止坠落。必要时应设安全警戒区，并设专人监护。夜间高处作业应有充足的照明。

（3）环境要求

在危险化学品生产、储存场所或附近有放空管线的位置作业时，应事先与车间负责人取得联系，建立联系信号。在邻近地区设有排放有毒、有害气体及粉尘超出允许浓度的烟囱及设备的场所，严禁进行高处作业。如在允许浓度范围内，也应采取有效的防护措施。遇有不适宜高处作业的恶劣气象（如六级风以上、雷电、暴雨、大雾等）条件时，严禁露天高处作业。登石棉瓦、瓦棱板等轻型材料作业时，必须铺设牢固的脚手板，并加以固定，脚手板上要有防滑措施。

（4）交叉作业的安全要求

高处作业与其他作业交叉进行时，必须按指定的路线上下，在同一坠落方向上，一般不得进行上下交叉作业，如需进行交叉作业，中间应设置安全防护层，坠落高度超过 24m 的交叉作业，应设双层防护。高处作业应与地面保持联系，根据现场情况配备必要的联络工具，并指定专人负责联系。

（5）临边防护要求

在槽顶、罐顶、屋顶等设备或建筑物、构筑物上作业时，临空一面应装安全网或栏杆等防护措施，并事先应检查其牢固可靠程度，防止失稳或破裂等可能出现的危险。图 5-2 为某装置检修期间加装的临时护栏，其危险程度让人不敢放心靠近。

图 5-2　装置检修期间加装的临时护栏

预留口、通道口、楼梯口、电梯口、上料平台口等都必须设有牢固、有效的安全防护设施(盖板、围栏、安全网)；洞口防护设施如有损坏必须及时修缮；洞口防护设施严禁擅自移位、拆除；在洞口旁操作要小心，不应背朝洞口作业；不要在洞口旁休息、打闹或跨越洞口及从洞口盖板上行走；同时洞口还必须挂设醒目的警示标志等。

要按规定搭设脚手架、铺平脚手板，不准有探头板；防护栏杆要绑扎牢固，挂好安全网；脚手架离墙面过宽应加设安全防护。

在屋面上作业人员应穿软底防滑鞋；屋面坡度大于 25°应采取防滑措施；在屋面作业不能背向檐口移动；使用外脚手架，外排立杆要高出檐口 1.2m，并挂好安全网，檐口外架要铺满脚手板；没有使用外脚手架工程施工时，应在屋檐下方设安全网。

4　涉及到的其他作业及安全注意事项

4.1　梯子使用注意事项

（1）在使用木、竹梯子之前，应检查其有无损坏，凡有腐朽枯节、裂纹、虫蛀等缺陷时，不准使用。不要把短梯拼接成长梯使用，因为拼接梯子的强度是不够的，使用时容易造成事故。

（2）在作业前须把梯子安置牢固，不可使其摇动或倾斜过度，在光滑坚硬的地面上使用梯子时，需在地面上垫草袋子或橡胶板，并用绳索将梯子下端与固定物缚好拉住。

（3）在梯子上工作时，梯子与地面的倾斜度为55°~60°为宜。

（4）禁止两人同上一梯，不准在梯子顶档工作。

（5）对于需要的物件，可在爬到作业的高度后，再用绳索提上，或者使用工具袋，传递物件不能上抛下扔。

（6）靠在管子上使用梯子，其上端须有挂钩或用绳索缚住。

（7）人字梯须有坚固的铰链和限制开关的拉链。

（8）禁止把梯子架设在木箱等不稳固的支持物或容易滑动的物体上，也不可靠近通电的电线或可产生危害的管路上。

（9）采用上述办法仍不能使梯子稳固时，可派专人扶着，以防梯子下端滑动，还应防止梯子上作业时落物伤人。

（10）在道路上使用梯子作业，下面应有人监护，梯子不应放在门前使用，防止门突然开启发生问题。

（11）上下梯子时，应两手抓住梯子，绝不能从梯子上向下滑，以免摔伤，爬梯之前要清理鞋底，使其不粘杂物，以防打滑。

(12) 人在梯子上时，禁止移动梯子。

4.2 脚手架的搭设与使用

脚手架是建筑施工企业一种常用的临时性设施。虽然它是随着工程进度而搭设，工程完毕就拆除，但它对建筑施工速度、工作效率、工程质量以及工人的人身安全有着直接的影响。脚手架的材料有钢管、木、竹等，也有自制的各式升降平台、马凳、人字梯和斜梯等。在装置检修时，搭设脚手架的任务很零散，如拆装一个阀门、焊接一道焊口、修补一处保温层和设备防腐刷漆等，都需要搭设脚手架。脚手架的搭设，国家有完整的规范和标准，但有些单位在执行中不严格，致使因脚手架而引发的高处坠落伤亡事故时有发生。主要表现在搭架子不符合规范要求，跨距大、强度不够、捆扎不牢、材料缺陷等，也有的属于使用不善，使脚手架超载而发生损坏等。鉴于目前施工大多使用扣件式钢管脚手架(详见图 5-3)，在此结合国家标准根据其结构对其进行简单介绍。

(1) 立杆

脚手架中垂直于水平面的竖向杆件称为立杆。脚手架立杆的纵向间距称为立杆纵距(跨)。对立杆有以下要求：

① 每根钢管的最大质量不应大于 25kg，宜采用 $\phi48\times3.5$ 钢管。

② 每根立杆底部应设置底座或垫板。

③ 立杆上的对接扣件应交错布置，即两根相邻立杆的接头不应设置在同步内。

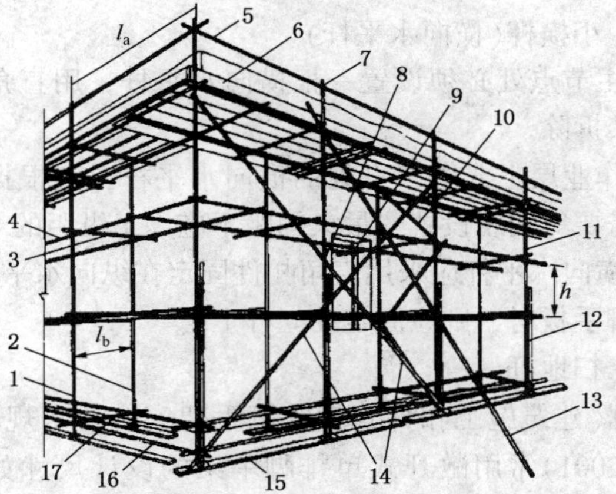

图 5-3　扣件式钢管脚手架各杆件位置

1—外立杆；2—内立杆；3—横向水平杆；4—纵向水平杆；5—栏杆；6—挡脚板；7—直角扣件；8—旋转扣件；9—连墙件；10—横向斜撑；11—主立杆；12—副立杆；13—抛撑；14—剪刀撑；15—垫板；16—纵向扫地杆；17—横向扫地杆；

④ 立杆接长除顶层顶步可采用搭接处，其余各层各步接头必须采用对接扣件连接。

⑤ 脚手架底层步距不应大于 2m。

⑥ 木脚手架用的立杆应埋入地下 50cm。

(2) 大横杆(纵向水平杆)

脚手架中的水平杆件为大横杆，上下水平杆轴线间的距离称为步。

① 纵向水平杆宜设置在立杆内侧，其长度不宜小于 3 跨；

② 纵向水平杆接长宜采用对接扣件连接，也可采用搭

接。两根相邻纵向水平杆的接头不宜设置在同步或同跨内。

(3) 小横杆(横向水平杆)

① 主节点处必须设置一根横向水平杆，用直角扣件扣接且严禁拆除。

② 作业层上非主节点处的横向水平杆，宜根据支承脚手板的需要等间距设置，最大间距不应大于纵距的1/2。

③ 横向水平杆应采用直角扣件固定在纵向水平杆上(使用竹笆脚手板时，则应固定在立杆上)。

(4) 扫地杆

根据《建筑施工扣件式钢管脚手架安全技术规范》(JGJ·130—2001)常用敞开式单排脚手架的设计尺寸如表5-1所示。炼化企业施工作业过程中搭设脚手架可以参照该表格内尺寸执行。

表5-1 常用敞开式单排脚手架的设计尺寸 m

连墙件设置	立杆横距/l_b	步距 h	下列荷载时的立杆纵距 l_a/m		脚手架允许设高/h
			2+2×0.35 (kN/m²)	3+2×0.35 (kN/m²)	
二步三跨 三步三跨	1.20	1.20~1.35	2.0	1.8	24
		1.80	2.0	1.8	24
	1.40	1.20~1.35	1.8	1.5	24
		1.80	1.8	1.5	24

① 脚手架必须设置纵、横向扫地杆。

② 纵向扫地杆应采用直角扣件固定在距底座上方不大于200mm处的立杆上。

③ 横向扫地杆亦应采用直角扣件固定在紧靠纵向扫地

杆下方的立杆上。

④ 当立杆基础不在同一高度上时，必须将高处的纵向扫地杆向低处延长两跨与立杆固定。

(5) 脚手板

① 作业层脚手板应铺满、铺稳，不得有探头板(脚手架的架板一端超出小横杆 30cm 以上时称为探头板)和飞跳板。

② 冲压钢脚手板、木脚手板、竹串片脚手板等，应设置在三根横向水平杆上。脚手板的铺设可采用对接平铺，亦可采用搭接铺设。在脚手架两端的转角处，应交错搭接。脚手板对接平铺时，接头处必须设两根横向水平杆，脚手板搭接铺设时，接头必须支在横向水平杆上，搭接长度应大于 200mm。不得将脚手架和脚手板固定在栏杆、管子等不十分牢固的结构上。

③ 要经常清除板上杂物，保持清洁平整。脚手板必须和小横杆用铁丝绑牢。

(6) 栏杆

作业层内侧脚手板与墙的距离不得大于 20cm，外侧应绑 1m 高的栏杆和钉 18cm 高的挡脚板。在操作层下一步架搭设一层脚手板，以保证安全。如因材料不足不能设安全层时，可在操作层下一步架铺设一层水平安全网，以防坠落。

(7) 支杆和剪刀撑

在以下位置须设支杆：

① 脚手架两端及转角处；

② 每隔 6~7 根立杆；

③ 支杆与地面的夹角不得大于 60°；

④ 如架子高度大于 7m 或无法搭设支杆时，竖向每高两

步，横向每隔 3~4 根立杆，应将脚手架立杆与建筑物连接牢固。

⑤ 高度在 24m 以下的单、双排脚手架，均必须在外侧立面的两端各设置一道剪刀撑，并应由底至顶连续设置；中间各道剪刀撑之间的净距不应大于 15m。

(8) 地基

脚手架的基础地面必须平整、夯实、坚硬，其金属基板必须平整，不得有任何变形，地面较松软时必须使用扫地杆或垫板以增大受力面和增大稳定性。地基排水要良好，防止积水。

(9) 斜道和阶梯

必须有供工人安全行走而搭设的合格斜道和阶梯，严禁施工人员沿脚手架爬上爬下。

(10) 储罐内脚手架

储罐内脚手架材料必须架设钢管脚手架(部分不锈钢或特殊衬里的除外)，不能用木或竹脚手架，并设攀登爬梯。严禁对罐壁及底板造成变形、损坏。储罐内脚手架原则上架设满堂红脚手架，如采用吊架、吊篮或移动式的活动脚手架等特殊脚手架，则应按照批准的施工方案进行搭设和拆除。

(11) 烟囱、水塔脚手架

烟囱和水塔是构筑物，有独特的形状，脚手架也是有特殊要求的落地式脚手架。可用竹、木、钢管搭设。烟囱外脚手架的平面形式一般有正方形、六角形、八角形等，不管哪种形式，均搭成双排落地式架子，脚手架搭设时，架子各个立面向烟囱立面倾斜，上小下大，成梯形，与烟囱体相配合。水塔的外脚手架多采用六角形，由于一般水塔的上部储水箱大于塔体，脚手架根据水箱直径大小，搭成落地式三排架或带挑架的双排架。烟囱、水塔外脚手架均不得设与构筑体攀附的连接杆，架体上除设剪刀撑外，均有揽风绳作为整体稳固措施。

（12）吊篮

吊篮的使用也应经过设计和验收，所用大绳的直径要经过计算，吊篮要做动荷重试验，拉吊篮的钢丝绳和大绳，应不与吊篮边缘、房檐等棱角相摩擦；升降吊篮的人力卷扬机应有安全制动装置，以防止因操作人员失误使吊篮落下；卷扬机应固定在牢固的地锚和建筑物上，升降吊篮由专人负责指挥。使用吊篮时，应系安全带，安全带拴在建筑物的可靠处。

（13）脚手架作业人员要求

未取得架子工特种作业上岗操作证的人员，不得从事脚手架支搭和拆除作业。架子搭好后，必须经检查验收合格挂牌后才能上架作业。要加强使用过程中的检查。高大脚手架应分阶段搭设、分阶段验收、分阶段使用，发现问题应及时加固。大风、大雨、大雪后要认真检查，确认无安全隐患后，方可继续使用。

5　监护人职责及注意事项

（1）高处作业应与地面保持联系，根据现场情况配备必要的联络工具，建立联系信号，并由监护人负责联系，监护人应坚守岗位。

（2）在作业中如发现情况异常时，应发出信号，并迅速撤离现场。

6 以案说法

案例一：某建设公司高处坠落死亡事故

2002 年 8 月 30 日 17 时 40 分，某建设公司在沧州输油站 $50000m^3$ 原油罐施工过程中，电焊工刘某在罐外侧高度为 14.8m 的脚手架上焊接罐体加强圈，作业结束后离开现场，在牛腿处翻越盘梯时踩空坠落，头部重伤，抢救无效死亡。

事故原因：脚手板在盘梯处断档、不连续。

案例二：某工程建设有限公司高处坠落死亡事故

2006 年 9 月 20 日下午 13 时 10 分左右，某建设有限公司设备安装项目部职工陈某，在某油罐（$5000m^3$）拆除过程中，不慎从 12.5m 高处坠落，抢救无效死亡。

违章事实：陈某高处作业时没有按规定系安全带，安全带虽然拴在身上，但是没有系挂在脚手架上。

案例三：某炼化企业监护人高处坠落死亡事故

2004 年 5 月 30 日下午，某炼化企业常减压车间泵棚顶需动火，车间安排装置外操戴某现场监火。16 时 20 分左右，戴某爬上了距监火点东侧 20m 远处的仪表电缆桥架（距地面 5.4m 高），从桥架上摔下，送医院抢救无效死亡。

违章事实：该职工班前饮酒，监火时为了避开他人到仪表桥架上接打手机，擅自离开监护岗位，注意力不集中坠落。

案例四：某石化公司脚手架倒塌事故

2002 年 8 月 6 日，某石化公司 $5000m^3$ 油罐交出检修，施工管理单位没作危害识别，没有制定有针对性的安全防范措施、没有编制专项安全技术方案，施工单位在没有脚手架作业资格证，施工作业人员没有经过架子工资格考试培训的情况下，9 月 1 日进行了罐内活动式脚手架的搭设，该脚手架采用插榫式驳接，上、下管与插榫头的间隙较大并使用底轮支撑，架高约 14.5m，架底支撑面积为 $7m^2$；9 月 2 日至 6 日罐内打砂；9 月 6 日开始防腐油漆；9 月 11 日 9 时，施工人员文某负责在活动式脚手架上防腐喷漆，罐内其他 3 人负责监护和配合，9 时 45 分活动式脚手架突然向南倾斜，架顶沿着罐壁滑下，正在架顶准备工作的文某随架一起坠落在罐底板上，随后伤者被送到医院治疗，经诊断为腰椎粉碎性骨折。

违章事实：

（1）脚手架搭设不符合规范要求。上述事故中的活动式脚手架结构不合理，架的重心偏高，有载荷时产生摆动；搭设高度不符合《石油化工施工安全技术规程》(SH 3505—1999) 中移动式脚手架高度不许超过 5m 规程规定。该脚手架的刚性与稳定性不够，是导致事故发生的直接原因。

（2）脚手架材质不符合要求，使用前未进行必要的检查和检验。脚手架搭设之前，必须对所用钢管、扣件、底座、钢(木)脚手板等材料进行场外检查、检验，确认合格后方可运至施工现场使用。该事故中的脚手架材质上搭架的斜支撑钢管外径只有 25mm，而《石油化工施工安全技术规程》(SH 3505—1999) 规定的外径均须达到 48～51mm，壁厚均须达到 3～3.5mm。

（3）施工管理单位脚手架搭设与拆除方案不全面，管理不到位。施工管理单位对脚手架施工和施工现场安全检查监督不到位，安全技术交底无针对性；施工期间对现场的检查不到位，使有明显隐患的活动式脚架得以使用，施工管理单位在外委施工项目资质审查时，没有在施工方案实施前全面审核相关工种的资格证。

（4）施工单位无证上岗。施工单位没有脚手架作业资格证，施工作业人员没有经过架子工资格考试培训，无证上岗，严重违反了《特种作业人员安全技术培训考核管理办法》(1999 年，国家经贸委会令第 13 号) 有关规定，搭设的移动式脚手架严重违反《石油化工施工安全技术规程》(SH 3505—1999) 的规定。

第六章　起 重 作 业

1　范围

炼化企业起重机械主要用于设备安装、拆卸之用，也有用于工艺生产中物料的输送。常用起重机械有桥式起重机、门式起重机、装卸桥、缆索起重机、汽车起重机、轮胎起重机、履带起重机、铁路起重机、塔式起重机、门座起重机、桅杆起重机、升降机、电葫芦及简易起重设备和辅助用具(如吊篮)等。常用的大型起重机械设备有桥式起重机(也叫天车)、臂架类起重机(如起重汽车、吊车)、升降机、电梯等。大量应用的是轻小型起重机械，如千斤顶、手拉葫芦、电葫芦等。在炼油设备安装作业中常用塔式起重机、桅杆式起重机、卷扬机等。

2　危害因素

(1) 在起重作业中容易发生吊物坠落、挤压碰撞、机体倾翻、物体打击等事故。吊物坠落造成的伤亡事故占起重伤害事故的比例最高，其中因吊索具有缺陷(如钢丝绳拉断、平衡梁失稳弯曲、滑轮破裂导致钢丝绳脱槽等)导致的伤亡事故最为严重，其次是吊装时捆扎方法不妥(如吊物重心不稳、绳扣结法错误等)、超载等原因也可导致吊物坠落。如2000年11月3日，某建设公司管道队在某石化厂改造施工中，30t 塔吊起吊裂解气管时，由于吊装方式选择不当，提升到 15m 高时，吊绳受力不均而断裂，裂解气管坠落，将 1 人挤成重伤。

（2）吊装作业人员在起重机和结构物之间或人在两机之间作业时，因机体运行、回转挤压、吊物或吊具在吊运过程中晃动、被吊物件在吊装过程中或摆放时倾倒可导致挤压碰撞事故。

（3）当操作不当（如超载、臂架变幅或旋转过快等）、支腿未找平或地基沉陷等原因使倾覆力矩增大时，可导致起重机倾翻。如 2000 年 3 月 30 日，某建筑安装公司吊车司机在检查车况前未将吊车支腿撑到位，便升起并转动把杆，致使吊车中线偏移、侧翻，司机见状从吊车驾驶室往外跳车，被侧翻的吊车驾驶室门框压住死亡（见图 6-1）。另外由于安全防护设施缺失或失效，在坡度或风载荷作用下，使起重机沿路面或轨道滑动也可导致倾翻。

图 6-1　在吊装过程中因支腿未完全伸出导致吊车机体倾翻事故

（4）在使用移动式起重机的作业场合，起重臂或吊物意外触碰高压架空线路还可发生触电事故。

基建项目的大型吊装安装过程中，往往使用多台大型吊装机具及辅助工具，多工种交叉作业，施工难度大，危险性大，任何一个环节的不可靠都将导致机毁人亡的恶性事故，所以必须对吊装过程进行危害识别，从人员、管理、技术装备等多方面制定可靠的防范措施并严格执行。

在此列举某公司焦化装置塔 203 吊装方案中的重大风险清单，见表 6-1。

塔 203 设备参数为 ϕ2000×44000，重 62t，分上下两段吊装且安装梯子平台，上段设备参数为 ϕ2000×16000，重约 30t，下段设备参数为 ϕ2000×28000，重约 40t。采用 300t 吊车实施吊装，80t 吊车进行溜尾。根据 300t 吊车 65t 工况表：工作半径 16m，出杆 42m，可吊高度 38. 83m，额定起质量 44. 5t。

表 6-1　塔 203 吊装过程重大危害因素清单

工作任务	危害因素	主要后果	采取的安全措施
实施吊装	吊索具缺陷	吊物坠落，损坏设备，人身伤害	（1）吊车性能、吊索具和器具由专业人员进行检查确认，通过计算确定采用 300t 吊车实施吊装，80t 吊车进行溜尾，采用 12 股 ϕ28mm 钢丝绳实施 （2）对所有人员进行安全教育，熟悉吊装过程及危害 （3）吊装前确认吊用索具、吊耳

续表

工作任务	危害因素	主要后果	采取的安全措施
实施吊装	指挥错误、操作错误	物体碰撞、吊车倾翻	（1）对溜尾索具进行确认检查 （2）作业时统一指挥和管理
	作业环境不良	吊车倾翻	（1）确认支车处无电缆沟、下水井盖，地面坚硬平整 （2）拆除影响吊车转杆的突出平台 （3）确认垫木合格 （4）确认天气状况良好
	高处作业设施缺陷	人员高处坠落	对脚手架经过检查验收，跳板固定
	防护缺陷	人身伤害	（1）根据吊车工作半径确定防护范围，在周边拉警戒绳，设专人监护 （2）作业人员无高处作业禁忌症，戴安全帽，系安全带

3 作业、监护防范措施

根据《吊装作业安全规程》（HG 23015—1999）的要求，吊装质量大于 10t 的物体应办理《吊装安全作业证》，吊装质量大于等于 40t 的物体和土建工程主体结构，应编制吊装施工方案。吊物虽不足 40t，但形状复杂、刚度小、长径比大、精密贵重、施工条件特殊的情况下，也应编制吊装施工方案。安全施工方案经施工主管部门和安全技术部门审查，报主管厂长或总工程师批准后方可实施。

3.1 对相关人员的要求

起重指挥人员、司索人员(起重工)和起重机械操作人员应持有政府有关部门颁发的、有效的《特种作业人员操作证》,并严守操作规程。高处作业人员具有丰富的作业经验,身体健康,具有较高的安全意识和技能。在吊装作业前,对吊装所涉及的所有人员进行一次专题教育培训,对作业方案和作业过程中的危险因素、注意事项等做一详细讲解。

(1) 司索人员听从指挥人员的指挥,并要遵守以下规定:

① 根据重物的具体情况选择合适的吊具与吊索;不准用吊钩直接缠绕重物,不得将不同种类或不同规格的吊索、吊具混在一起使用;吊具承载不得超过额定起重量,吊索不得超过安全负荷;起升吊物,应检查其连接点是否牢固、可靠。如 2001 年 7 月 29 日某建设公司管道队在某炼油厂催化装置主管廊施工,违章吊装,直接用吊钩钩在阀门法兰孔上,在提升到 1.8m 高处时,阀门掉下,将一名电焊工砸成重伤。

② 吊物捆绑应牢靠,吊点和吊物的重心应在同一垂直线。

③ 禁止人员随吊物起吊或在吊钩、吊物下停留,可在现场设警戒区,挂警示牌,设监护人进行巡回看守。因特殊情况进入悬吊物下方时,应事先与指挥人员和起重机司机(起重操作人员)联系,并设置支撑装置,不得停留在起重机运行轨道上。

④ 吊挂重物时,起吊绳、链所经过的棱角处应加衬垫;

吊运零散的物件时，应使用专门的吊篮、吊斗等器具。

⑤ 不得绑挂、起吊不明质量、与其他重物相连、埋在地下或与地面和其他物体冻结在一起的重物。

⑥ 人员与吊物应保持一定的安全距离，放置吊物就位时，应用拉绳或撑竿、钩子辅助就位。

（2）起重操作人员按指挥人员所发出的指挥信号进行操作，应遵守以下规定：

① 对紧急停车信号，不论由何人发出，均应立即执行。

② 当起重臂、吊钩或吊物下面有人，吊物上有人或浮置物时不得进行起重操作。

③ 严禁使用起重机或其他起重机械起吊超载或质量不清的物品和埋置物体。

④ 在制动器、安全装置失灵、吊钩防松装置损坏、钢丝绳损伤达到报废标准等情况下禁止起重操作。

⑤ 吊物捆绑、吊挂不牢或不平衡而可能滑动、吊物棱角处与钢丝绳之间未加衬垫时不得进行起重操作。

⑥ 无法看清场地、吊物情况和指挥信号时，不得进行起重操作。

⑦ 起重机械及其臂架、吊具、辅具、钢丝绳、缆风绳和吊物不得靠近高低压输电线路。必须在输电线路近旁作业时，必须按规定保持足够的安全距离，不能满足时，应停电后再进行起重作业。

⑧ 在停工或休息时，不得将吊物、吊笼、吊具和吊索悬吊在空中。

⑨ 在起重机械工作时，不得对起重机械进行检查和维修。不得在有载荷的情况下调整起升、变幅机构的制动器。

⑩ 下放吊物时，严禁自由下落（溜），不得利用极限位置限制器停车。

⑪ 用两台或多台起重机械吊运同一重物时，升降、运行应保持同步；各台起重机械所承受的载荷不能超过各自额定起重能力的80%。

⑫ 夜间吊装作业应有足够的照明，遇6级以上大风或大雪、大雨、大雾等恶劣天气时，不得从事露天起重作业。

3.2　起重作业前的准备工作

（1）工程管理部门或安全监督管理部门应对从事指挥和操作的人员进行资格确认。

（2）分专业对起重机械和吊具进行安全检查确认，确保处于完好状态。

（3）对安全措施落实情况进行确认。

（4）在吊装区域内划定警戒区域、进行标示，清除障碍物。

（5）核实天气情况是否适合吊装作业。

（6）作业监护人核实操作人员佩戴和使用劳动保护用品情况，尤其是高处作业人员必须戴安全帽、系挂安全带。如1989年7月31日，某公司年度大修时，起重班长甘某在聚乙烯现场指挥本班吊车吊装起重工具时，不戴安全帽进入吊钩底下，由于起吊工具缺陷，滑车弹簧失灵，滑车从吊钩上滑落下来，刚好砸中他头部，不幸死亡。

3.3　作业过程中安全措施

（1）起重作业时必须明确指挥人员，指挥人员应佩戴明显的标志。

（2）起重指挥必须按规定的指挥信号进行指挥，其他作业人员应清楚吊装方案和指挥信号。

(3) 起重指挥应严格执行吊装方案，发现问题应及时与方案编制人协商解决。

(4) 正式起吊前应进行试吊，试吊中检查全部机具、地锚受力情况，发现问题应先将工件放回地面，故障排除后重新试吊，确认一切正常，方可正式吊装。

(5) 吊装过程中，出现故障，应立即向指挥者报告，没有指挥令，任何人不得擅自离开岗位。

(6) 起吊重物就位前，不许解开吊装索具。

3.4 起重作业完毕后的注意事项

(1) 将吊钩和起重臂放到规定的稳妥位置，所有控制手柄均应放到零位，对使用电气控制的起重机械，应将总电源开关断开。

(2) 对在轨道上工作的起重机，应将起重机有效锚定。

(3) 将吊索、吊具收回放置于规定的地方，并对其进行检查、维护、保养。

(4) 对接替工作人员，应告知设备、设施存在的异常情况及尚未消除的故障。

(5) 对起重机械进行维护保养时，切断主电源并挂上标志牌或加锁。

4 其他常用起重机械的安全要求

4.1 手拉葫芦

手拉葫芦起重质量范围一般为0.5~20t，其安全技术要求为：

(1) 严禁超负荷起吊或斜吊，禁止吊拔埋在地下或凝结在地面上的重物。

（2）悬挂手拉葫芦的支架和地基必须能承受额定载荷，保证有足够的稳定性。

（3）吊挂、捆绑用的钢丝绳和链条，必须符合起重安全规程的规定。

（4）严禁将下吊钩回扣到起重链条上起吊重物。

（5）起吊作业前，必须认真检查传动部分及链条的润滑，整机空转正常。

（6）不得使用手动以外的任何驱动方式起吊重物。拉不动时，不得猛拉或增加人员牵拉，应立即停止使用，检修机件。

（7）不准过分提升或下降起重链条，以防拉断插销。

（8）应定期检修。

4.2　电动葫芦

电动葫芦分为钢丝绳式电动葫芦和环链式电动葫芦，目前使用比较多的是钢丝绳式电动葫芦，简称电动葫芦。

使用前要进行检查，检查内容包括工作场地、运行轨道、按钮开关(手电门)、限位器、吊钩装置、制动器和钢丝绳等。起吊接近额定起重质量时，应首先试吊，没有异常现象时再起吊。吊运时，不得从人员头上通过，不准调整制动器，不准进行检查和维修工作，不准用限位器停车。

有下述情况之一时，不能操作：

（1）超载、斜拉斜吊，吊拔埋置物，或起吊质量不清楚的货物。

（2）电动葫芦有影响安全工作的缺陷或损伤，例如制动器、限位装置失灵；吊钩螺母防松装置损坏；钢丝绳损伤达报废标准。

(3) 捆绑吊挂不牢或不平衡而可能滑动，重物棱角与钢丝绳间未加衬垫。

(4) 工作场地昏暗，无法看清场地和被吊物的情况。

(5) 电动葫芦无下降限位装置时，钢丝绳在卷筒上必须留有安全圈(2~3圈)。

4.3 自制起重机械

对于自制或改造的起重机械，应先提出设计方案、图纸、计算书和所依据的标准、质量保证措施等，必须由设计部门进行设计，并核算使用的范围，制作单位要严格把关，保证质量。炼化企业也曾发生过吊装作业中因吊装机具缺陷造成的物体打击死亡事故，2003 年 6 月 27 日，某公司炼油事业部检维修二车间酮苯班 2 名职工带领 3 名民工到炼油厂供水车间二泵站检修电机，检修过程中使用吊装架(见图 6-2,吊装架高约 2.7m，长约 3.3m)吊装 5 号电机，5 号电机重 540kg，在将电机吊离地面，移动吊装架过程时，

图 6-2　事故中的吊装架

4 人在架南端、民工牛某在架北端向西推吊架，吊架北端上部横梁与支柱连接处突然断裂，横梁砸在牛某后颈部，送医院抢救无效死亡。主要原因就是因为吊装架存在重大缺陷，架北段横梁与支柱连接处焊接不合格，作为立柱的两根钢管(ϕ50mm)与横梁(工字钢)只是几处点焊，没有焊透，受剪切力作用突然断开，导致了事故发生。这就要求对施工机具，尤其是自制简易施工机具，要经过设计核算、对制造质量进行检查验收，对存在缺陷的设施要及时进行修理和加固，避免因机具不合格造成人身伤害事故的发生。

5　监护人的职责及注意事项

(1) 检查起重设备的支撑与地面之间是否有合格的支垫，是否将起重机械支撑在井盖、电缆沟槽的盖板上，是否划定了危险区、设置了警示标志，防止任何人进入作业区域，否则，不允许作业。

(2) 检查现场作业人员劳动保护用品使用是否符合规范。

(3) 起重作业时，要防止对附近的设备，特别是在用设备造成威胁。一旦发生事故，要紧急疏散现场人员，同时处理事故。

6　以案说法

案例一：某建设公司吊装伤亡事故

2004 年 9 月 18 日 20 时 20 分左右，某石化建设公司在某炼化企业常减压装置改造现场吊装一根长 9m 的 ϕ219×7 管线。副操刘某无证操作，违章采用单绳单点捆绑扣形式起吊管线。在18.5m高度摆杆过程中，管线与平台相撞后坠落，将在现场的吊车司机砸伤致死。

违章事实：

(1) 副操刘某无证操作。

(2) 采用单绳单点捆绑扣形式起吊管线。

案例二：某建设公司高处坠落死亡事故

2006年4月22日10时50分左右，某安装公司铆工班赵某等5人在起重班的配合下，使用280t吊车安装标高为50m的钢梁(钢梁长10m，重2.1t)。赵某在钢梁西端螺栓孔内打入一根锥形楔子使螺栓孔对中，并穿入了两条螺杆但未戴螺帽；其他人员在钢梁东端对中螺栓孔时，发现螺栓孔垂直方向错位约1cm。在只留钢梁东端一个吊点的情况下，赵某告诉起重人员起钩来调整钢梁。由于钢梁西端螺杆未戴螺帽，起钩时引起振动、钢梁位移，西端的锥形楔子、螺栓滑脱，钢梁西端坠落、将下方脚手架操作平台砸塌，赵某连同脚手架一起坠落到落差12.5m的混凝土框架平台上，抢救无效死亡。

违章事实：

(1) 有关人员违反有关规程中“组装大型构件，连接螺栓必须紧固”，“成片或单根安装的钢结构应及时固定，确保稳固性”的规定，在钢梁西端结点只插入一根圆楔和两条螺栓(未戴帽)的情况下，只用一个吊点来调整钢梁，钢梁滑脱导致事故发生。

(2) 起重指挥占位不合适，起吊前没有检查钢梁的状况就贸然指挥，致使吊车起吊幅度过大。

(3) 现场安全监督不到位。

第七章　工业射线探伤作业

1　范围

炼化企业现场工业探伤射线装置一般有 X 线机和放射性同位素射线探伤机。放射性同位素是指不包括作为核燃料、核原料、核材料的其他放射性物质。出于设备管理的需要，炼化装置经常要用到 X 线机、超声波、γ 射线等对设备、管线进行射线探伤、拍片检测等，为保障现场施工人员、作业人员的安全与健康，确保生产和施工顺利进行，必须对从事工业射线探伤的单位、作业人员，以及探伤现场管理单位和有关人员做出要求。

2　危害因素

人员受到大剂量 X 射线的外照射后，可能引起外照射放射病。γ 射线探伤、拍片过程中，有可能发生放射源掉出、或输入输出时被卡住、被盗、丢失等情况，必须针对这些情况制定应急预案，在发生放射源事故时紧急疏散人群，排除故障等。

3　防范措施

3.1　对探伤设备设施及人员的要求

放射装置(X 线机、γ 探伤机)、设备等须获得《射线装置工作许可证》。从事放射工作的人员须持有《放射工作人员证》，并遵守职业道德，按规定穿戴劳保用品，自觉遵守有关防护规定。

3.2 射线探伤作业的手续

扩建、改建项目应尽量在固定探伤预制场进行，尽量减少在已投产生产现场探伤拍片，如果必须在生产现场作业时，一般使用定向X射线机。当钢板厚度超过X射线穿透能力时(目前一般为40mm)，经过有关领导批准采取严密措施，才能使用γ射线。特殊部位探伤确需使用γ射线，建议必须经过企业主管安全环保的领导审批后方可作业。凡在生产现场进行射线探伤、拍片，作业单位必须办理《射线作业许可证》，经工程管理部门和安全环保管理部门共同批准后，方可实施。如果探伤作业影响到多个生产单位，必须对作业许可证进行会签。

3.3 射线的基本防护措施

外照射的防护通常采用时间防护、距离防护和屏蔽防护三种，在实际工作中，通常将上述三种手段组合使用。

(1) 时间防护　应尽量利用工休、晚上时间，撤离一切可以离开的人员，熟练运用操作技巧以减少照射时间。

(2) 屏蔽防护　探伤作业单位应制作一定数量简便易行的防护装置，特别是加厚定向X机壳铅板，尽量减少42°角以外其他方向的漏射剂量。对离操作室较近的探伤作业点，经测定射线剂量超过国家卫生标准的必须在现场增设铅防护屏。

(3) 距离防护　移动式探伤机往往在临时场地、车间内进行探伤，必须严防对探伤场地及其周围人员产生照射。根据《工业γ射线探伤卫生防护标准》(GBZ132—2002)和《工业X射线探伤卫生防护标准》(GBZ117—2002)，在探伤作业前，根据周围空气比释动能率将工作场所划分为控制区和监督区。

γ射线探伤时，在控制区边界悬挂“禁止进入放射性工作场所"的警示标识，施工单位进入作业控制区，必须在各个路口设置带闪光报警灯的警示牌和红色警绳。晚上塔、罐探伤作业时，设备外侧明显处必须悬挂警示牌和红灯警示，安排警戒人员，当确认防护区域内无人员后，方可开始作业，未经许可，人员不得进入该范围。监督区位于控制区外，允许有关人员在此区活动，培训人员或探访者也可进入该区域。边界处应有“当心，电离辐射"警示标识，公众不得进入该区域。由于现场情况比较复杂，γ射线探伤机和被检物体的距离、照射方向、时间和屏蔽条件各不相同，在实际确定安全距离时，必须用剂量率检测仪进行实测，以适当调整控制区、监督区的防护边界线。如在只有上下开口的容器内作业，可根据计算，考虑容器壁、墙等吸收系数，根据实测可缩小控制区和监督区距离，人在室内能做到不外出也可相应缩短距离，如满足不了上述要求须采取铅板屏蔽防护。

X射线探伤时，在控制区边界上必须悬挂清晰可见的“禁止进入X射线区"警示标识，探伤作业人员应在边界外操作，否则必须采取防护措施。管理区边界上必须设警示标识，如信号灯、铃、警戒绳，并悬挂清晰可见的“无关人员禁止入内"警告牌，必要时设专人警戒。在实际工作中，为了便于操作，操作人员综合考虑被检物体的厚度、管电压、照射方向、屏蔽条件等，根据经验确定防护距离，一般情况在使用管电压大于 200kV，X 射线定向机 42°角范围内，43m 内为控制区，100m 范围定为管理区，其他角度 25m 以上为管理区。现场探伤的工作条件和现场变动时，必须进行场所监测，并验证确定的控制区和管理区。

4 监护人职责及注意事项

（1）检查防护线和防护警戒标志是否按要求设置，确认防护区域内无人员。

（2）防止无关人员进入射线作业区域，发现问题及时纠正。

（3）当本区域生产出现异常时，随时通知施工单位停止作业，并根据情况采取相应的应急措施。

第八章　破土(路)作业

1　范围

对炼化企业来说，破土(路)作业系指在生产厂区内部地面、埋地电缆、电信及地下管道区域范围内，以及交通道路、消防通道上开挖、掘进、钻孔、打桩、爆破等各种破土(路)作业。

鉴于爆破属危险性较大、专业特殊的作业活动，一般在厂区、储存区等不进行此类作业活动。

2　危害因素

由于厂区地下生产设施复杂隐蔽，既有工艺管线，又有多种电缆，如动力电缆、仪表电缆、通讯电缆等，在开挖过程中，就有可能损坏电缆或管线，造成装置停工等事故。在开挖的过程中，因边坡太陡，没有按规定放坡或将坡挖亏，或者没有做好防水，地表水、施工用水、渗出地下水浸入施工现场，易发生坍塌事故。在挖过的坑道周边，若不设围栏或其他警示标志，天黑视线不好时容易发生人员或车辆的坠落事故。所以破土(路)作业的危害因素不仅有坍塌、坠落，还有可能发生触电、装置停工，如果挖破工艺管线，还会发生着火、爆炸、中毒窒息等事故。

3 安全措施

3.1 手续办理

破土(路)作业应办理“破土作业许可证”。破土作业许可证由施工单位填写，工程主管部门根据情况，组织电力、电信、生产、机动、公安、消防、安全、设计等有关部门、破土施工区域所属单位和地下设施的主管单位联合进行现场地下情况交底，根据施工区域地质、水文、地下供排水管线、埋地燃气(含液化气)管道、埋地电缆、埋地电信、测量用的永久性标桩、地质和地震部门设置的长期观测孔、不明物、沙巷等情况向施工单位提出具体要求。施工单位根据工作任务、交底情况及施工要求，制定施工方案，落实安全施工措施，报有关部门确认会签、审批。

3.2 作业现场警示

在道路上(含居民区)及危险区域内施工，应在施工现场设围栏及警告牌，夜间应设警示灯。在地下通道施工或进行顶管作业，影响地上安全或地面活动影响地下施工安全时，也应设围栏、警示牌、警示灯。

3.3 作业过程的防范措施

破土前，施工单位应按照施工方案，逐条落实安全措施，并对所有作业人员进行安全教育和安全技术交底后方可施工，作业人员在作业中应按规定着装和佩戴劳动保护用品，使用电动工具应安装漏电保护器。破土作业涉及到电力、电信、地下供排水管线、生产工艺埋地管道等地下设施时，工程管理部门、施工单位应设专人进行施工安全监督。

在破土开挖前，应先做好地面和地下排水，严防地面水渗入到作业层面，造成塌方。破土开挖时，应防止邻近建(构)筑物、道路、管道等下沉和变形，必要时采取防护措施，加强观测，防止位移和沉降。挖掘破土时应由上至下逐层挖掘，严禁采用挖空底脚和挖洞的方法。在坑、沟、槽、井、地道内施工应按“进入受限空间作业”相关要求来执行，施工时，保持通风良好，注意对有毒气体和易燃物的检查检测工作，遇有可疑情况，应立即停止作业，向上级报告，查明情况，落实防范措施后，方可再施工。在雨期和解冻期在土方工程内作业时，应及时检查土方边坡，当发现边坡有裂纹或不断落土及支撑松动、变形、折断等情况应立即停止作业，经采取可靠措施检查无问题后方可继续施工。在破土开挖过程中应采取防止滑坡和塌方的措施，当出现滑坡、塌方或其他险情时，应立即停止作业，撤出作业人员及设备，现场划出警戒区，挂出明显标志的警告牌，夜间设警示灯，必要时设置警戒人员，日夜值勤，同时通知工程管理、设计、安全等有关部门，共同对险情进行调查处理。在施工过程中，如发现不能辨认物体时，不得敲击、移动，应立即停止作业，报建设单位有关部门，查清情况采取有效措施后，方可继续施工。另外，在施工过程中，需要占用规划批准范围以外的场地、可能损坏道路、管线、电力、邮电通信等公共设施以及需要临时停水、停电、中断道路交通等情况时也应报告工程管理部门，采取有效措施后方可继续进行作业。

3.4 作业结束后的处理

破土作业结束后，对作业现场及时清理、恢复，修复路面和道路设施，避免对车辆、行人、装置的正常操作等造成影响。

4 以案说法

案例一：破土作业碰到地下电缆致人死亡事故

1993 年 5 月 6 日，某公司在江边罐区增建储罐，施工单位在为罐基础打桩时也办理了破土作业许可证，但是，在打桩机打桩时还是碰到了地下电缆，致使正在打桩机上作业的一青年工人触电死亡。

事故原因：

（1）签发破土工作票的人对地下电缆情况不明。

（2）施工单位未按工作票要求取点挖土检查。

案例二：爆破作业导致的死亡事故

1996 年 4 月，某炼化企业采用爆破的方法在酮苯脱蜡装置拆除旧设备基础时，飞溅出的混凝土块砸断一条 *DN*20 的液氨管线，装置紧急停工。在抢险过程中，一名操作员不慎摔倒，造成颅内出血，抢救无效死亡。

第九章　厂区机动车辆管理

1　范围

厂区机动车是指在生产厂区内行驶的各种机动车辆，包括燃油机动车、电瓶车等。

2　危害因素

机动车辆不仅是一个流动的火源，而且有些机动车辆体积大、质量大。

炼化装置及罐区内存在大量的易燃易爆介质，在正常生产及工作中，经常需要机动车辆进入生产装置区、罐区等运送物料，或者进行抢修、检修等施工作业，机动车辆不仅能引发交通事故，若车辆防火设施不完善，尾气所带的火花可成为点火源，遇到易燃物泄漏，便可成为点火源引发火灾爆炸事故，机动车辆产生的火花引发燃烧爆炸的事故很多，如2005 年 3 月 23 日 BP 公司得克萨斯州炼油厂爆炸事故，1993 年 10 月 21 日南京某汽油罐区着火爆炸事故都是因机动车辆引发的。

外来车辆对生产区域不熟悉，或者在驾驶过程中发生失误，所运载物料过于宽大、超重等，可能造成机动车故障，更有可能压坏井盖、撞坏管线设备等，给正常的生产运行带来影响。图 9-1 为机动车在运送电机过程中，由于电机过重，叉车将装置地面压坏的情形。

图 9-1　超重车辆压坏装置路面

另外，由于工程施工或其他原因，需要在消防道路上堆放物品或停放车辆、摆放机具、生产设备等有可能影响到消防车通行的情况。由于道路被占用，可能在现场发生突发事件时，影响消防车或其他救援车辆、救援物资、人员的通行，贻误抢险时机，使事故扩大。占用厂区内的道路进行施工作业，正常的情况下也给厂内交通带来不便，甚至引发交通事故。如 1979 年 11 月 3 日，某厂一库房夜间起火，因紧挨路线的消防道路上白天卸货堆放占用，致使消防车辆一时无法通过，待搬走堆放物后已经过去了半个小时，贻误了扑救火灾的时机，致使库房全部烧坏。

此外，吊车、叉车、电瓶车等工程车违章载人行驶或作业，从而引发的事故也是很多的，教训也很惨重。如 1993 年 1 月 16 日，某厂检修车间一名气焊工乘一辆内燃叉车去焦化、芳烃装置回收工具，人站在叉车左侧踏板上，当右转弯时，被甩落地面，头部后仰着地，因伤重救治无效死亡。

综上所述，炼化企业机动车辆的危害因素主要包括：机动车辆伤害、着火、爆炸、碰坏设备管线、压坏下水井盖和电缆沟盖板等。

因此，机动车辆进入生产装置区域、油品罐区和占用道路进行施工都要办理相应的作业许可证，使机动车辆处于受控状态。

3 安全措施

厂内机动车的管理除了严格遵守《道路交通安全法》，还应该遵守厂区内相关规定，在厂区内不能超速行驶，对厂内机动车驾驶员进行严格控制和审核，严禁人货混载，尤其是运输危险化学品的车辆，一方面，货物可能造成对人的伤害；另一方面，还可能引起危险品着火、爆炸事故的发生，殃及坐车人。对于厂内机动车辆一般要采取以下控制措施：

(1) 减少停留时间

机动车辆进入生产区域运送物品(料)时，尽量先将物品(料)集中，罐区防火堤内的物品(料)尽量用人工搬运至堤外，减少机动车辆在生产区域的停留时间。

(2) 限制车速

车速快是引发交通事故的一个重要的原因，为防止在企业厂区内发生交通事故，实践证明，限制车速是一种行之有效的方法，许多炼化企业规定厂区主要交通道路车速不能高于20km/h。

(3) 机动车辆车况符合要求

进入生产区域的机动车辆必须车况良好，并带有车辆防火设施，车况要达到《厂内机动车辆安全检验技术要求》(GB/T 16178—1996)中规定的条件。

(4) 规定行车路线及注意事项

车间管理人员根据该区域生产情况进行危害识别，落实安全措施，对驾驶员持证情况进行验证并进行安全教育，规定行车路线、停放位置及注意事项，驾驶员必须严格遵守限速规定及许可证规定的安全措施、行驶路线和停放位置，大型车辆和重车不得经过下水井盖、电缆沟盖板，无法避免时要铺设钢板。机动车在厂区内运送大型设备或设施时，一定要注意限高标志，同时注意道路宽度、转弯半径等，避免碰坏管廊、管架、管线等。另外听到消防报警和救护报警时，厂区内或生产区域内的机动车辆必须避让。

(5) 占路作业要求

施工占用道路作业一般安排在白天进行，原则上不能超过8h，无特殊情况，不得占用路口，并且防止压占下水井盖、电缆沟盖等。机动车占道时，驾驶员不得离开车辆，遇有紧急情况时，按要求处理车辆。在作业区域出现可燃气体、液体泄漏时，机动车应立即熄火，停止作业，人员按要求撤离。未经批准不得在道路上设置如挡水堰之类的障碍物，防止阻碍消防车、救护车通行，同时防止改变雨水流向。

占路作业完毕，清理路面，并电话通知消防队。

4 以案说法

案例一：消防车引发的爆炸事故

1987年9月11日，某聚乙烯车间决定清洗聚合釜。当时釜内气相分析；氮气 92.5%，乙烯 7.42%，己烷 0.02%。现场准备了干粉灭火器；在物料易撞击处放置了棉布帘和保温棉；派消防车现场监护；下法兰人孔盖也用绳子栓上由 3 个人拉住。9 时开始拆卸法兰，己烷从法兰缝中流出。法兰螺栓全部拆完时，因物料挤压，拉绳子的人没有拉住人孔盖，使人孔全部打开，干湿粉料全都漏出。空气中的己烷浓度增大。10 点 18 分，在现场人员离开的同时，距设备 5m 远的消防车也准备撤离现场。消防车启动产生了火花，引爆了周围的己烷，现场爆炸着火，当场 14 人被烧伤，4 人重伤。

案例二：吉普车引发的爆炸事故

1984 年 1 月 23 日，某石化公司聚丙烯装置区火炬放空管线，在横跨道路处的架空管线发生倒塌，气体外漏。一辆 212 吉普车强行通过瓦斯区，由于空气不足熄火。当再次发动时，引起爆炸着火。当场烧死过路行人 5 人、烧伤 11 人、烧毁吉普车 1 辆、三轮摩托 2 辆、自动车 7 辆。

原因分析：

(1) 机动车驾驶员对化学品性质、爆炸性气体扩散区域和位置不了解，没有采取相应的防范措施，误入危险区。

(2) 危险介质密度比空气密度大，易在低洼处积聚，车内人员很难发现，加上现场指挥人员引导不当，车辆启动时产生火星，引燃可燃气体造成爆炸火灾事故。

第十章　临时用电作业

1　范围

临时用电一般包括检修、抢修用电、安装施工用电等在正式运行的电源上所接的一切临时用电。在运行的生产装置、罐区和具有火灾爆炸危险场所内一般不允许接临时电源，确属生产必需时，临时用电要同时按规定办理“用火作业许可证”和“临时用电作业许可证”。

2　危害因素

在工程施工中由于用电而导致的事故很多，主要表现为电气设备事故、触电事故、电气火灾事故、生产事故等。有些电器和电动工具达不到整体防爆的要求，临时用电过程中要产生电弧、电火花等危险因素，遇到处于爆炸极限范围内的可燃介质，这些都将作为点火源引起火灾爆炸事故。若临时用电设备未安装漏电保护开关或无可靠的保护接地，一闸多用，非电气工作人员修理、处理电气设备，电线接触潮湿地面、接近热源或直接绑在金属物上，在潮湿地带或容器内工作不使用安全电压，电动工具无可靠保护接地、使用手提式工具不戴绝缘手套等都有可能导致人身触电事故的发生。

3　防范措施

3.1　临时用电许可证的办理和管理

为加强临时用电安全管理，确保安全供电和安全生产，必须严格控制厂区内的临时用电，临时用电须办理临时用电作业许可证。临时用电作业许可证必须严格确定用电时限，要延长使用期限须提前办理手续，一张临时用电作业许可证只对一个用电点。

3.2 相关人员要求

有自备电源的施工和检修队伍，自备电源不能接入公用电网。安装临时用电线路的电气作业人员，应持有电工作业证。临时用电设施要有专人维护管理，配送电单位经常巡回检查，建立检查记录和隐患问题处理通知单，确保临时供电设施完好。对存在重大隐患和发生威胁安全的紧急情况时，配送电单位有权紧急停电处理。临时用电单位不得变更地点和工作内容，禁止任意增加用电负荷、拆线断电或私自向其他单位转供电。

3.3 临时用电设施的要求

临时用电的单相和混用线路应采用五线制。对于单独敷设的接地线须紧靠相线，接地线的绝缘、截面积及颜色要符合规范要求。临时供电执行部门送电前要对临时用电线路、电气元件进行检查确认，满足送电要求后，方可送电。

临时用电设备和线路应按供电电压等级和容量正确使用，绝缘良好，所用的电气元件应符合国家规范标准要求，临时用电电源施工、安装应严格执行电气施工安装规范，并接地良好。在防爆场所使用的临时电源，电气元件和线路应达到相应的防爆等级要求，并采取相应的防爆安全措施。

临时用电架空线应采用绝缘铜芯线。架空线最大弧垂与地面距离，在施工现场不低于2.5m，穿越机动车道不低于

5m。架空线应架设在专用电杆上，严禁架设在树木和脚手架上。对需埋地敷设的电缆线线路应设有“走向标志”和“安全标志”。电缆埋地深度不应小于0.7m，穿越公路时加设防护套管。

现场临时用电配电盘、配电箱应有编号，有防雨措施，配电盘、配电箱及门应能牢靠关闭，并设置警示标志。临时用电设施，应安装符合规范要求的漏电保护器，移动工具、手持式电动工具应一机一闸一保护。容易被人触及的电气设备，周围应设围栏，并挂“止步，有电危险”的警告牌。

3.4 作业结束后的注意事项

临时用电结束后，临时用电单位应及时通知供电执行单位停电，并拆除临时用电线路，其他单位不得私自拆除。对未及时拆除的临时用电线路，用电单位负责继续维护管理，确保其不能影响厂容厂貌，不能有安全隐患。

4 以案说法

案例一：不办理临时用电作业许可证导致作业人员死亡事故

1989年9月29日，某公司化工厂异丙苯车间5名工人，负责清洗冷凝器，须使用水压喷雾器，泵的电源通过临时电源拖线板提供。为此，车间安全员安排一名工人请值班电工进行拆装电器。但是这名工人领了一只新插头，自己进行更换。结果把地线接于相线桩头上，使相线与地线错位，造成泵的外壳带电，致使一名工人触电，经抢救无效死亡。

违章事实：车间对临时用电的管理制度执行不严，未办理临时用电票，非专业电工私自接电。

案例二：使用不防爆电气导致的火灾事故

2001 年 9 月 6 日，某石化公司原油罐区因油罐的阀门阀板脱落，安排进行维修。拆卸阀门螺栓时，管线内的原油流淌到地面，且车间工艺员违章指挥员工在没办任何手续的情况下安装临时电源和不防爆电源开关，开关产生电火花引起油气和原油燃烧。由于缺乏事故预案和灭火预案演练，启动消防泵抽空，供水不足，延误灭火时机，造成管线被烧烤爆裂大量原油漏出，造成大火，直接经济损失 84.2 万元。

违章事实：在易燃易爆区域不办理手续使用临时电源和不防爆电气。

案例三：槽车闪爆伤亡事故

2006 年 6 月 29 日，某建设公司承包某炼油厂危化品转运站铁路槽车内壁刷漆作业。15 时 30 分左右，在用溶剂油清洗时槽车发生闪爆。正在槽车内作业的油漆工吴某、徐某、邓某等被不同程度烧伤。其中吴某经抢救无效，于 30 日 7 时 30 分死亡。

违章事实：

(1) 作业前没有办理任何作业许可证。

(2) 在清洗过程中使用了易挥发的溶剂油，并且在罐车内设置了非防爆的电源开关、电源插座、行灯等，溶剂油挥发形成爆炸气体，遇电火花发生闪爆。

(3) 外来人员不办任何手续就可以进入生产区域作业，安全监督管理不到位。

第十一章　一般施工作业

一般施工作业是指在生产区域内进行新建、改扩建、检修、维修等施工作业项目。包括在生产区域进行建筑施工、装置维修、机泵仪表维修、设备防腐、管线保温、场地清理、绿化、检修或抢修设备的首次拆卸和最后安装等各种作业。

由于检修、维修等施工作业时间紧、作业环境条件差，交叉作业多，主要的危害因素有工作过程中对作业人员的机械伤害、物体打击、灼烫、中毒窒息等，另外，由于作业人员一般非本装置人员，对现场不熟悉，有可能造成误碰阀门、管线，作业部位错误等，对操作造成不良影响。所以，一般施工作业也要开具作业许可证。

1　运行装置设备仪表的维修维护管理

1.1　一般要求

（1）检维修作业人员进入生产装置前，必须按规定着装，戴好安全帽，穿戴好专用的劳动防护用品。严禁穿易产生静电的服装、服饰和带铁钉的鞋进入生产装置和易燃易爆区。

（2）在拆卸、解体和更换设备、仪表之前，应做好设备的放空检查和低点排空检查，并确保设备的放空线和低点排空线始终处于开启畅通状态。

（3）在拆卸、解体、更换设备仪表或进行放空、排空检查时，应站在上风口。

(4) 在拆卸设备、仪表或法兰螺栓时，应首先松开设备、仪表或管线法兰一侧的螺丝，待设备余压全部放尽后，再卸开其他螺栓。拆卸螺栓严禁使用气割。作业时，要采用身体背向设备或法兰开启方向的作业方式，以免受到残存带压介质的冲击喷溅伤害。

(5) 在拆卸、解体和维修高温设备时，必须待设备内部温度冷却至正常温度时，再进行拆卸、解体和维修作业。

(6) 在拆卸、解体和更换含有硫化氢等有毒物料的设备、仪表或管线法兰时，必须根据有毒物料的性质和浓度，佩戴好正确有效的防毒面具和呼吸防护器材。同时，还应配备便携式硫化氢检测报警仪器，以便确认现场的安全卫生状况。

(7) 在拆卸、解体和更换酸碱设备、仪表和管线法兰时，必须戴好防酸碱眼镜，穿好防酸碱服装。同时，还应准备好酸碱中和液和水冲洗设施。

(8) 在2m以上高处且易发生坠落事故的地点进行加拆盲板等作业时，要系好安全带，并将其高挂在牢固的承重体上。

(9) 严禁用汽油、易挥发溶剂擦洗设备、衣物、工具及地面。

(10) 严禁在液化烃和轻质油装置、罐区，用黑色金属和易产生火花的工具进行敲打、撞击作业。

(11) 在设备的拆卸、解体和更换作业时，应及时回收设备内残存或阀门内漏产生的易燃液体。严禁就地排放易燃易爆物料及化学危险品。

1.2 转动设备检修

这里主要指生产系统以电为动力的转动设备，如机泵、风机、搅拌器、传送带、升降设备等。转动设备检修时，不能认为设备已经停用就动手检修，因为检修现场人多手杂，可能发生误送电；气候潮湿有水、设备积尘等可能发生传电、爬电等故障造成设备自行启动等。

如某厂装置已停车，但夜间电动机却自行启动运转起来，由于值班人员未及时发现，泵长时间空转发热，造成一起重大火灾事故。事后调查验证，是因设备积尘潮湿导电而引起的。又如某厂检修工人在修凉水塔风机，而操作工要开另一台风机，因设备编号与电源开关编号不一致，结果将正在修理的风机开动起来，两名检修工人当场死亡。

为预防类似事故，转动设备检修前，应填写作业许可证，停、送电联络票。检修单位、生产单位、供电单位各方共同签字。电工应切断电源，拔掉保险，并在开关上挂上“禁止合闸，有人工作”的警告标志。

另外，停用泵检修时必须将出入口阀门关闭，物料排空撤压，吹扫置换合格，加装盲板，挂上“禁动”标识。

检修过程中做好劳动防护，设备裸露的转动部位，必须加必要的安全防护装置；维修后投入试用时，必须进行详细检查，达到运行条件后方可投用。离心泵须先盘车，严禁带负荷启动；往复泵须先打开泵的出口阀门；运转时应随时检查轴承温度、振动情况，有异常声音时，要立即停泵。检修液态烃泵、溶剂泵、轻油泵、气体压缩机以及溶剂过滤机等设备时，装卸零件部位要使用铜棒、铜锤、铜扳手等不易产生火星的防爆工具，更不允许擅自动火。维修工人要正确地使用各种工具，作业时用力要适当。检修工具要做到专用化，不得随意乱用代替，以免损坏设备或造成伤亡事故。

1.3　设备拆卸与封闭

开启设备人孔、拆卸设备的头盖、管线的法兰、机泵等工作时，最主要的是要防止残存物料喷出、部件坠落造成人身伤害。

如某厂催化装置检修，在打开分馏塔底人孔时，由于低点放空阀被催化剂粉末堵塞，误认为塔底没有物料，当打开塔底人孔时，大量的蒸汽冷凝水和残油突然倾泻出来，当场将人烫死。也有在拆卸酸碱设备时，由于内部有压力，物料喷出造成灼伤的事故。

在封闭人孔时，必须仔细检查，严禁将安全帽、破布、手套、工具、螺栓等物遗留在设备内部造成开工后设备堵塞，或进入泵体损坏机泵；也有的因阀门关不严留下后患，甚至造成装置停车。因此必须注意以下事项：

(1) 生产设备开孔拆卸等检修作业前必须做好以下几项工作：①物料排空撤压；②吹扫置换合格；③关闭阀门、加装盲板；④关联阀门挂上“禁动”标识。

(2) 在塔类设备打开人孔时，应按自上而下的顺序依次进行。因为瓦斯的密度是空气密度的1.5~2.5倍，如果塔内存有瓦斯，若先打开下部人孔，瓦斯会大量逸出，易发生危险；另外有时塔底残存物料未抽净，也易造成事故。封闭人孔时则应自下而上依次封闭。封人孔前至少应有两人对设备进行检查，确认内部无遗留物时方可封闭。任何设备打开底部人孔时，均应事先打开低点放空，并要注意防止堵塞造成假象，当确认无问题后，方可打开底部人孔或手孔，开启时不要对着人进行。

(3) 设备结构比较紧凑的地方，在拆装检修时，应防止机械伤害，不得用手或手持其他物体直接触及设备的转动部分。

(4) 人孔、法兰等上螺丝时，应根据操作温度和压力选用垫片，在把紧螺丝时，应对称进行，使螺丝和垫片受力均匀，才能保证严密不漏，使用扳手不能用力过猛，更不能对着面部，以防扳手滑扣造成人员打伤，或使身躯失去平衡造成高处坠落。

1.4 仪表检修

(1) 仪表检修时，作业区域采取的措施具备检修条件(如自动控制仪表改手动、调节阀切除后撤压放空等)，监护人员到位认可后，方可进行作业，严防仪表误指示引起生产波动。

(2) 对工艺提出的一般控制方案修改，要经双方领导确认，由仪表维护单位组织有关技术人员实施，仪表作业时要经过生产技术人员同意并监护。凡关系到联锁自保的摘除与恢复以及某些重要控制方案修改，由使用单位提出方案，相关人员确认、审批后组织实施，仪表维护单位派人全程参加联锁、自保静态试验的检查、验收工作，并保存有关文字记录。

(3) 通过日常巡检、维护，确保 DCS、变送器、传感器探头完好，无腐蚀，做到仪表设备完好，防爆区内仪表符合防爆规范。仪表设备及系统存在严重的缺陷和隐患、故障率高、对安全生产有严重安全的，必须考虑更新改造。仪表管理和维护人员在对现场放射性同位素仪表进行操作时，必须穿戴好防护用品，一人操作，一人监护，并做好记录。

2 保温作业

保温过程主要接触各种保温材料的粉尘，如玻璃棉制品、矿渣棉制品、石棉制品等。其中对人体危害较大的含有二氧化硅、石棉和金属的粉尘，这些都能对人体的健康造成一定的危害。进行保温作业时要做好以下几点：

（1）工作时穿戴好劳保护用品，接触矿渣棉及玻璃棉时袖口、裤脚、领口要扎好，同时要戴好口罩。

（2）检查脚手架和所用工具，如发现不安全之处要妥善处理。

（3）不许踩蹬脚手架探头板进行工作，不许两人站在一块独板上工作。

（4）在脚手架立杆上拴绑滑轮运输材料时，每次吊运质量不要超过 40kg，拉绳人要在滑轮下方的 3m 以外，拉绳不要过猛。接料时要等物体停稳后再接。

（5）管道保温时，有关部门应确认管道无泄漏后方可进行，特殊情况应采取足够措施，生产车间的监护人切实负起责任，工作中不允许保温人员乱动各种阀门，不得借用生产在用管道设施兼作脚手架。

（6）地下管道保温时，要检查有无有毒气体和酸液，工作时要按进入受限空间作业的要求，采取可靠安全措施。

（7）缝扎矿棉席时，对面两人要错开站立，以防钢针刺伤对方。

（8）接触矿渣棉及玻璃棉时，工作后应洗澡。

（9）生产情况出现异常时及时撤离。

3 刷漆、防腐、涂装作业

在石油化工行业，喷砂、防腐作业是一种十分常见的施工作业，管线、油罐、压力容器等多种金属设备检修、更新后期，都要进行除锈、喷砂、防腐、油漆等作业，以保护金属设备，防止金属腐蚀。在进行该类作业时要注意以下事项：

（1）油漆工的作业场地须备有防毒面具，在同一动火区域不应同时进行可燃溶剂清洗和喷漆、刷漆等施工。如2006年5月29日，某公司有机厂在对已于5月26日停产的苯胺装置废酸单元进行全面检修时，由于单元内有易燃物溢出，导致突然起火，致使在现场内部进行粉刷施工的4名女工死亡，另有11人受伤，其中4人伤势较重。

（2）无论是喷漆或刷漆作业，严禁踏在未干的构件或设备上，以防滑倒。

（3）油漆涂料凝结时，不准用火熔化。

（4）刷有毒性油漆时，通风应良好，并使用必要的防护用品，室外喷漆作业时，作业人员应站在上风方向，在室内、容器或封闭的地沟内刷防锈漆或挥发性油类时，采取通风措施和防爆措施，禁止用氧气作为喷枪风源。

（5）连续喷漆作业时间不能过长，要间歇轮换休息，避免因长时间作业引起中毒。

（6）油漆涂料、稀释剂，应由专人妥善保存管理，注意防火。油棉纱一定要放在桶内，不得乱存。

（7）机器在转动中，不准进行刷油漆和喷漆工作，不得在高温管线和设备上刷漆。

（8）在涂刷油漆时必须避免油漆滴在脚手板上，如有油滴要抹净，并用干灰吸干，防止滑倒伤人。

（9）严禁用汽油调和油漆、擦洗工具和衣物。处理废酸废物或废旧煤油、汽油、松节油、硝基漆等易燃物时，必须由有经验的工人负责。

（10）工作结束后，应做好现场和个人的清洁卫生。下班或餐前一定将手洗净，涂凡士林部位也全部洗净。

4 涉及到硫化氢等有毒介质的作业

炼化装置硫化氢主要分布在原油蒸馏、催化裂化、催化重整、延迟焦化、加氢精制、加氢裂化、气体脱硫、污水汽提、硫磺回收及尾气处理等装置和瓦斯系统、污水处理系统等，近年来，随着高含硫原油加工量的增加，因硫化氢中毒造成的人身伤害事故屡屡发生，硫化氢已成为炼化企业重点防范的危险源，以下重点介绍进入涉及到硫化氢区域作业时的安全要求。

（1）涉及硫化氢的生产操作、检修及有关作业人员上岗前应接受培训，内容包括预防硫化氢中毒及救护的工业卫生知识，并掌握中毒自救及互救的基本技能和有关防护用品的使用要求等。

（2）作业时注意装置内设置的警示牌、风向标等，尤其是非本装置人员进入生产装置作业。

（3）作业时应注意使用便携式硫化氢气体检测报警仪进行检测，报警仪其低位报警点设置在 $10mg/m^3$，高位报警点设置在 $50mg/m^3$。在生产波动、有异味产生、有不明原因的人员昏倒及在隐患部位活动（包括酸性水、瓦斯的逸出部位、排液口、采样口、储罐计量等）时，均应及时检测。

（4）进入可能发生硫化氢中毒的区域必须穿戴好合格的防护用品，还要注意不能在有毒区内脱卸防毒用具。

（5）在硫化氢易积聚的区域内作业，如含有硫化氢的油罐、粗汽油罐、轻质污油罐及含酸性气瓦斯介质的设备等，应采取专门的防护措施。

（6）硫化氢监测仪器在低位报警点发生报警时，作业人员应检查泄漏点并准备防护用具。当高位报警点报警时，作业人员应戴上防护用具并向上级报告，同时疏散下风向人员，禁止动用电、气焊，查明泄漏原因并控制泄漏。抢救人员进入戒备状态。硫化氢浓度持续上升而无法控制时，应立即疏散人员并实施应急方案。

5 以案说法

案例一：在建原油储罐特大爆炸事故

2006 年 10 月 28 日，某石化公司在建的 $10\times10^4m^3$ 原油储罐内浮顶隔舱刷漆防腐作业时，发生爆炸，造成 13 人死亡、6 人轻伤。

发生爆炸事故的原油储罐为浮顶罐，事故发生前，储罐在进行水压测试，储罐内水位高度约 13m。2006 年 10 月 28 日，防腐工程总公司在原油储罐浮顶隔舱内进行刷漆作业的施工人员有 27 人，其中施工队长、小队长及配料工各 1 人，其他 24 人被平均分为 4 个作业组。防腐所使用的防锈漆为环氧云铁中间漆，稀料主要成分为苯、甲苯。当日 19 时 16 分，在作业接近结束时，隔舱突然发生爆炸，造成 13 人死亡、6 人轻伤，损毁储罐浮顶面积达 $850m^2$。

违章事实：

（1）在施工过程中，防腐工程总公司违规私自更换防锈漆稀料，用含苯及甲苯等挥发性更大的有机溶剂替代原施工方案确定的主要成分为二甲苯、丁醇和乙二醇乙醚醋酸酯。

（2）在没有采取任何强制通风措施的情况下组织施工，使储罐隔舱内防锈漆和稀料中的有机溶剂挥发、积累达到爆炸极限。

（3）施工现场电气线路不符合安全规范要求，使用的行灯和手持照明灯具都没有防爆功能。电气火花引爆了达到爆炸极限可燃气体，导致这起特大爆炸事故的发生。

案例二：某石化厂硫化氢中毒死亡事故

2004 年 11 月 28 日 23 时 50 分，某石化厂设备安装维修公司仪表维护班王某、魏某接到直柴加氢装置脱硫汽提塔回流罐 V3205 液位指示失灵的通知后，在当班班长翟某的陪同下一起到现场进行处理。29 日 0 时 10 分左右，王某在处理回流罐 V3205 液位浮筒底部排凝阀时，含有硫化氢的烟雾突然从排凝阀排除，没有任何防范的王某当即中毒晕倒。闻讯赶来的人员将王某转移到通风处，进行人工呼吸抢救。后送医院经抢救无效死亡。死亡直接原因是硫化氢中毒。

违章事实：

（1）作业者未按规定佩戴隔离式呼吸防护用具，未携带便携式硫化氢监测仪。

（2）按规定含硫化氢介质的采样和切水作业应为密闭方式，不允许直接排入大气。

（3）对危险作业未按规定办理作业票，没有明确监护人，随同作业人员也没有认真履行监护责任。

第十二章　装置大检修与边生产边施工作业

石化装置大检修往往时间紧，交叉作业多，场地狭窄、施工条件差，施工机具、原料、物品等较多，施工人员素质参差不齐，很容易发生事故。应该从控制人的不安全行为、物的不安全状态和消除不安全的作业环境等多方面入手，进行安全管理。

1　装置大检修

1.1　对相关人员的管理和要求

做好承包商的管理，把好准入关，对施工单位的合法性、适应性、可靠性、技术资质水平和安全保证条件等进行确认。对参加检修的所有人员进行装置检修 HSE 管理规定和各专业施工安全规程的教育，并考试合格。成立检修指挥部，对检修实行统一领导，统一指挥，成员要明确分工，各负其责。

1.2　检修前的准备工作

(1) 对检修作业使用的脚手架、起重机械、电气焊用具、手持电动工具、扳手、管钳、锤子等各种工器具进行检查，凡不符合作业安全要求的工器具不得使用。

(2) 采取可靠的断电措施，切断需检修设备的电源，并经启动复查确认无电后，在电源开关处挂上“禁止启动”的安全标志并加锁。

（3）对检修作业使用的气体防护器材、消防器材、通信设备、照明设备等器材设备经专人检查，保证完好可靠，并合理放置。

（4）应对检修现场的爬梯、栏杆、平台、铁篦子、盖板等进行检查，保证安全可靠。

（5）对检修用的盲板逐个检查，高压盲板须经探伤后方可使用。

（6）对检修所使用的移动式电气工器具，必须配有漏电保护装置。

（7）需夜间检修的作业场所，设有足够亮度的照明装置。

1.3 作业现场环境处理

（1）退料后彻底清洗地面，做到地面无残留油渍。对有腐蚀性介质的检修场所须备有冲洗用水源。

（2）将检修现场的易燃易爆物品、障碍物、油污、冰雪、积水、废弃物等影响检修安全的杂物清理干净。用水冲净下水井、边沟内存油，并用石棉布覆盖下水井、地漏，上面覆盖黄土，用水淋湿后拍实。为防止施工机具损坏下水井盖，同时为防止黄土飞扬散落，建议在黄土周边加钢圈予以保护。

（3）对检修现场的坑、井、洼、沟、陡坡等应填平或铺设与地面平齐的盖板，也可设置围栏和警告标志，并设夜间警示红灯。

（4）在施工作业现场划出安全隔离作业区，办理临时固定动火点，进行预制作业。施工单位根据作业内容和作业场所环境情况制定出安全有效的作业区隔离措施方案。

(5) 加强道路交通管理，检查、清理检修现场的消防通道、行车通道，保证畅通无阻，规定施工作业期间哪些路段禁止通行，哪些路段禁止停放车辆。

1.4 施工现场管理

由生产、设备、安全环保、消防、施工单位等部门进行联合检查，达到条件后方可交付检修单位。建议检修期间最好划分责任区，每个责任区设专人负责，责任到人。检修施工用火、进入受限空间、起重吊装、高处作业、临时用电、射线探伤等都要严格执行相应的管理规定。每项作业都要办理作业许可证，便于统一掌握统一协调统一管理。检修项目所在单位应提前确定办理作业票时间、地点、人员，监护人、审批人的联系方式和值日表单等。

由于施工场地窄小，为合理使用场地，减少相互交叉和干扰，保证工程进度，安全、机动设备部门应会同施工单位、生产单位提前做好场地规划。根据检修任务做好现场平面布置，如吊车停放位置、卷扬机位置、电焊机位置、所要换的设备存放位置、材料堆放位置，以及各种车辆消防道路等要画出平面布置图。对施工现场场地材料、施工机具、备品、备件有效地、合理地存放，化工原材料、涂料、放射源等要用专用库房保存。无关机具如自行车等一律不得进入装置，防止影响施工作业、堵塞消防通道、影响生产设施、装置人员的操作与巡回检查。

尽量杜绝交叉作业，必须进行交叉作业时应落实好安全措施，指派专人进行统一指挥与协调。临时用电的电缆、闸箱要符合规范，接地良好。施工临时用水、用风等，应办理有关手续，不得使用消防栓供水。对拆除的护栏、损坏的平台应落实临时防护措施，并有醒目的标志，检修后要及时进行复位。

起源于工业工程学、由日本当代企业管理专家清水千里先生总结出来的现场定置管理可以为我们的现场管理提供一些思路。定置管理指通过科学的物流设计，使车间或岗位现场，从平面空间到立体空间，操作人员所使用的工具、设备、材料、工件等的位置规范、醒目，使人、物、现场三者处于最佳结合状态，实现时间上、空间上的优化组合，从而最大限度地消除物的不安全状态和控制人的不安全行为。事实上，我们以前在检修中强调的文明施工、“三条线”、“三不见天”、“三不落地”、“三净”等也是对该理念的实践，具体还表现在检修前对检修场地进行统一划分，在保证检修通道和消防通道安全畅通的前提下合理布置，对检修现场的机具、车辆、施工材料、边角废料等不同类型、不同用途和不同性质的物品，按照取放方便、保证安全、兼顾美观的原则分别摆放在预先指定的区域，从而消除作业现场脏、乱、差的现象。

1.5 施工结束后的管理

对工业垃圾、废弃包装物、边角废料、多余的土石方等注意合理处置，不要污染环境。做到工完、料净、场地清。

有关部门组织对装置进行全面检查验收，内容主要包括：

（1）检修项目全部完工，质量合格。

（2）脚手架、临时照明设备、临时电源线全部拆除。

（3）施工机具全部运走，保运机具移至装置外围。

(4) 梯子、平台、栏杆、地沟、吊装孔恢复完好。

(5) 安全装置齐备，灵敏好用，照明(包括事故照明)正常。

(6) 消防道路畅通，消防设备、器材和防护用具齐全完好。

(7) 地面平整清洁，门窗完好，玻璃明亮等内容。

检查验收完毕，进入开工试车阶段。

2 边生产边施工作业

由于企业发展和生产的实际需要，装置抢修、改、扩建工程等需要在生产的同时进行施工作业，施工与生产相互影响，生产区域的介质泄漏是施工环境的不稳定因素，而施工对装置的安全生产及操作人员同样构成威胁。改扩建工程，特别是工艺管网(尤其是地下的电缆、管线、下水系统)与原有的生产装置、管廊交织在一起，伤及一个局部的生产设施往往会影响到整个工厂的正常生产。边生产边施工的危害因素主要有容易发生停车、火灾爆炸、射线伤害、高空坠落、物体打击、触电等事故。

2.1 装置抢修应遵循的原则

(1) 对可能影响全局安全生产的重大、危险的生产、设备问题，必须进行装置或单元的停工处理。

(2) 当某一单元主要设备管线出现问题，其他单元仍可继续维持生产时，可进行局部单元停工处理；但必须用盲板隔断待检修单元与外部单元或系统的所有联系。

(3) 当有备用、并联系统的机泵、机组等发生故障时，可将故障设备退出运行并用盲板彻底隔断后进行处理。处理时，严格按照有关安全作业管理规定进行。

(4) 当发生设备管线泄漏而又必须在生产状态下处理时，必须研究制定安全、可靠的施工作业方案，并按要求落实降温降压、低压封堵、惰性气体保护、水冷却保护、即时监测、消防掩护、污染防止等防护措施。

2.2　对于施工时间长、施工面积大的改、扩建工程应采取的安全措施

(1) 加强施工组织管理。工程项目中的所有施工方案，都必须有安全技术措施。特殊工程施工如：爆破、大型吊装、深坑作业，必须编制单项施工安全技术方案，批准后方可施工。建立应急指挥机构，掌握施工和生产现场的动态，制定应急救援预案，制定专人值班制度，便于边生产边施工的统一调度，以备紧急情况下的统一指挥。

(2) 签订合同，明确责任。外委项目在签订合同时，必须同时签订 HSE 合同，合同既包括建设单位与承包商的合同，也包括建设单位与监理公司的合同，必须结合现场实际，内容详细，责任明确。便于承包商、监理公司、生产单位、安全管理部门切实发挥职能作用，各负其责。

(3) 做好生产区与施工区的隔离。施工区域与生产区域可以通过设隔离墙等方式进行有效的隔离或者封闭措施，以保证火星不外溅到现有设备上(包括动静设备、管道阀门、电器仪表等)或隔离区域之外的地面上，施工区域与生产区域间设置的安全防护设施任何人不得擅自拆移或损坏，特殊情况需要拆移时，应经检修负责人批准，并在规定期限内恢复。凡在运行的装置区域内进行施工作业，而又无法实施区域隔离的，必须由企业和施工单位按照分工进行危害识别、风险评价，制定安全措施和施工方案，并逐条落实，检查确认达到安全施工条件后，方可进行施工作业。施工方案一般需包括以下内容：作业内容、进度计划、作业特点、周边环境特点、作业方法、危害因素、施工负责人及作业人员联系方式、职责，异常情况下施工人员紧急疏散方案，施工人员中毒、窒息、受伤紧急救护方案等。

（4）对施工区域所在单位的要求：

① 加强对泄漏点的排查。现场管理人员、监护人配备便携式可燃气体报警仪，对现场环境随时进行检测。

② 施工区域所在单位应制定边生产、边施工作业的事故处理预案，并组织员工进行学习和演练。

③ 现场有施工作业时，不得就地排放易燃易爆、有毒有害介质。正常采样、脱水等操作要预先通知施工单位暂停施工；遇有异常情况，如紧急排放、泄漏、事故处理等，应立即停止一切施工作业，撤离人员并及时报警和报告处理。

④ 施工现场凡与生产有关的工艺设备、阀门、管线等，均应有明显的警示标志。

（5）对施工单位的要求：

① 施工单位工作人员要穿统一的工作服，配备合格的劳动防护用品，现场监护人员佩戴明显的标志，所有进入施工现场的车辆都要戴防火帽。

② 严禁触动正在生产的管道、阀门、电线、电气、仪表和设备等，严禁站在电气、仪表及管线支架上作业，严禁用生产设备、管道、构架及生产性构筑物做起重吊装锚点。

③ 施工中用火、进入受限空间、探伤、高处作业等须按照建设单位的规章制度执行，办理相关的作业许可证。正

在生产中，带压或存有油、可燃性气体、可燃性液体、有毒介质等物质的设备以及运行的液态烃罐区内原则上不允许用火，确实需要时必须按特级用火处理。施工临时用水、电、汽、风，要办理有关手续，在指定的地点连接或排放，严禁用消防栓供水。

④ 建议实行定置管理，建筑机械和各种施工材料以及待安装设备必须在指定地点堆放；在施工场地围墙内堆放物料不得占用设定的消防通道。施工废料要规定地点分类堆放，严禁乱扔乱堆，要做到工完料尽场地清。

⑤ 不准在施工区域或毗邻生产区域搭建临时宿舍或容留施工人员住宿，严格管理火源、热源和电气设备。

⑥ 禁止随意敷设电线，各种电源或动力导线应按不同用途、不同电压、电流等级进行分类，并分别装设单独的开关和过流保护器，当电源线绝缘层残破时应及时更换或处理。

3　环保管理

目前，国内外石油化工行业正在推行 HSE 管理体系，虽然施工过程中排放有毒的烟尘和废水等不如生产过程多，但现场作业的环保管理也不能掉以轻心。

施工区域应用围墙与非施工区域用用围墙隔开，防止污染施工区域以外的环境。施工现场应整洁，运输车辆不带泥沙出场，细颗粒散体材料装卸运输时，应采取遮盖措施，并做到沿途不遗撒、扬尘。施工垃圾应及时清运到指定场所，不乱倒乱卸。高空垃圾需要处理时，应使用封闭式的圈筒或者采取其他措施，严禁从高处直接向下抛撒施工垃圾。油漆、防腐作业时有挥发性有害气体排放，注意用后及时封盖。电气焊、切割作业、防腐、除锈作业会有焊条头、焊渣、锈渣产生，要注意集中收集，统一处理，金属边角余料、固体包装物及工业垃圾分类后回收利用或交相关方处理，其他危险废物，如废电池、过期试剂、过期化学材料、油漆等要交有资质的单位处理，不得自行处理。施工现场尽量保持安静，现场机械车辆少发动、少鸣笛，施工操作人员不要大声喧哗和发出刺耳的敲击、撞击声。

4　以案说法

案例一：某石化厂机械伤害死亡事故

2006 年 1 月 27 日 13 时 40 分，某石化厂电工陈某与另 1 名电工邵某、钳工刘某等检修腈纶部短纤装置打包机故障。陈某低头检查限位开关时，腈纶部操作工李某在定位销附近用刀片复位，打包机箱体移动，陈某头部被挤压在箱体与框架立柱之间，颅骨多处骨折、颅脑损伤，经抢救无效于当日 18 时 45 分死亡。

直接原因：陈某安全意识不强，违章进入隔离栏杆内进行检查。

违章事实：

(1) 多工种同时作业时没有明确现场负责人。

(2) 现场监护不到位。

案例二：某石化助剂厂油罐爆炸事故

2000 年 7 月 1 日，某石化助剂厂为解决柴油存放一段时间后，由棕黄色变为深灰色的质量问题，厂领导决定采用某个体技术人员的脱色技术，在柴油罐间加活性剂罐、混合罐、管道泵，将307$^{\#}$罐、308$^{\#}$罐的柴油，经管道泵注入混合罐，同来自活性剂罐的活性剂混合脱色后，注入204$^{\#}$罐储存外销。分管生产的副厂长直接安排生产设备部牵头，由机动车间维修班负责焊接安装。整个作业，采用先将混合罐、活性剂罐、管道泵定位后，再对接同柴油罐相连接的阀门、法兰、管道，现场进行焊接的方法。7月2日上午，已将混合罐、活性剂罐、管道泵定位，并同308$^{\#}$罐对连焊接完毕，下午继续进行同204$^{\#}$罐的对接。18时45分，在焊接同204$^{\#}$罐相接的管道时发生爆炸，204$^{\#}$罐罐体炸飞，南移3.5m落下，罐内柴油飞溅着火，同时204$^{\#}$罐罐体飞起时，又将该罐同307$^{\#}$罐之间的管道从307$^{\#}$罐根部阀前撕断，307$^{\#}$罐中400余吨柴油从管口喷出着火，现场施工的10人，突然被柴油烈火掩盖，瞬间即被烧死。307$^{\#}$罐在204$^{\#}$罐爆炸起火后45min，再次发生爆炸，罐底焊缝撕开12 m左右，罐内剩余柴油急速涌出，着火的柴油顺混凝土地面，流至附近的10间操作室，操作室被烧毁；流至装置管排底部，管排管架被烧塌；流至厂区大门以外，将部分大树烧死。大火于20时45分被扑灭，没有造成罐区其他汽油、柴油罐的爆炸，避免了更大的损失。

事故直接原因：维修班在电焊焊接时，204$^{\#}$罐内的爆炸性混合气体泄漏入正在焊接的管道内，电焊明火引起了管内气体的爆炸，从而通过闸板阀阀瓣底部的缝隙，引起了204$^{\#}$罐内混合气体的爆炸。

违章事实：

(1) 本次施工作业，按制度规定，成品油罐区为一类禁火区，要动火，必须经安全生产厂长、总工程师批准，安全处室专职安全人员、施工人员签字，办理一级动火证，制定严密的防范措施，有消防、安全、专职人员现场监督，确保不出事故方能动火作业。但该厂生产副厂长直接安排生产设备部和机动车间维修班施工，没有办理一级动火证，也没有通知总工程师、安保部、消防队审查施工方案及进行监督检查，失去了制止违章作业及采取防范措施防止事故发生的机会。

（2）动火作业必须同生产系统有效隔绝，而且专门制定了抽堵盲板的制度，但施工人员虽然制作了盲板，带到了现场，但没有使用，仅以关闭阀门代替插入盲板同油罐隔绝。

（3）对柴油性质认识不足。柴油虽然不是易挥发的易燃易爆品，但是，柴油是混合物，其中所含的介于汽油、柴油之间的轻沸点馏分，在夏季高温情况下，挥发积聚于油罐相对密封的上部空间，形成了爆炸性混合气体，遇明火造成了爆炸。

（4）307#罐、204#罐原设计为消防用清水罐，位于成品罐区西防火堤外侧，当改为柴油储罐后，两罐周围没有再加防火堤，也没有设立明显的禁火标志，这也是造成施工人员未办理二级动火证违章施工的原因之一。

（5）专职安全管理人员安全技术素质低。据厂安全保卫部负责安全生产的副部长崔某介绍，他在巡回检查中，已发现了施工人员在一类禁火区动火作业，但他没有按规章制度制止他们的违章作业，只是在施工人员从车间办的二级动火证上签上自己的名字，代替厂一级动火证，使他们的违章作业合法化，但又没有按一级动火证要求提出防止事故的措施，导致了事故的发生。

案例三：堆料违章事故

2004 年 2 月 16 日 14 时许，湖北某化工厂 $3^{\#}$炉台检修，检修工刘某、王某和安全科长杨某在检修时，从二楼高 4m 的炉台上掉下来摔成重伤。杨某、王某腰部受重伤，刘某双腿受重伤，所幸都无生命危险。$3^{\#}$炉台是用几根槽钢焊接而成，上面铺有铁板，由于检修时上面堆放了十几吨原材料(磷矿石和硅石)，造成炉台坍塌。

违章事实：违章堆放原材料，且没有被及时制止。

案例四：某公司火灾事故

2002 年 7 月 19 日，乙烯车间计划对乙烯联合装置分离工段冷区管架上方部分腐蚀严重的冷却水管线进行更换，乙烯车间办理施工检修通知单报联合装置设备动力科审批同意后，联系某建设有限公司进行施工。22 日下午，由乙烯车间提出用火申请，经过乙烯联合装置安保科审核批准了用火作业许可证。建设公司拿到用火作业许可证后开始施工。22 日下午共完成了 4 道焊口的焊接。7 月 23 日上午继续进行作业。10 时 20 分，在高压乙烯产品事故汽化器 EA-444A 上方约 4m 处用气焊枪切割旧冷却水管线过程中，由于采取的防护措施不到位，割渣飞溅到高压乙烯产品事故汽化器封头处，点燃了封头上方泄漏的乙烯，引起火灾。大火将通往火炬的管线烧坏，由于系统内尚有大量液态丙烯、乙烯等物料无法排放，为防止次生事故，未将明火完全扑灭，于 7 月 26 日 10 时 10 分，将控制明火扑灭。

事故原因：

事故的直接原因是在用气焊枪切割旧冷却水管线过程中，割渣飞溅到高压乙烯产品事故汽化器封头处，点燃封头上方泄漏乙烯，造成起火。该封头垫片遇火后变形，从而导致换热器内高压乙烯快速泄漏，引发火灾。通过对该换热器拆检，发现换热器封头乙烯一侧密封面约有八分之一周长(近 48cm)有物料泄漏的明显痕迹。

违章事实：

(1) 用火前没有严格检测，没有防范措施，在危险区错误地采用气焊枪切割的办法。

(2) 设备管理部门对设备管理不到位，没有认真研究高压乙烯产品事故汽化器长期投用会带来的安全问题，对易泄漏的隐患没有加强管理和监测，也没有研究落实防止泄漏的措施。

(3) 乙烯装置属关键装置，没有认真坚持“在正常运行生产区域内，凡可用可不用的用火一律不用”的原则，对必须进行用火作业时，没有做到提高用火等级的要求。

(4) 在用火作业中，没有做到“一点(一个用火点)一证(用火作业许可证)、一人(用火监护人)”的要求，在此次更换冷却水管线用火作业中，用火部位不具体，不明确，多处用火点只开一张用火作业票。

(5) 用火前，乙烯车间监火人、安全员、副主任及装置安保科安全员没有对所铺设的三防布是否能将火花完全隔离进行认真确认，没有到管架上方进行认真检查，分管安全生产的领导、设备动力处、安全环保处等有关职能部门对如此重要的用火作业没有过问。

(6) 该单位对外来施工作业队伍长期处于失控状态。

第十三章　消防知识

火灾通常都有一个从小到大、逐步发展、直至熄灭的过程，火灾发生后能够及时采取正确的方法进行扑救，就可以及时将火扑灭，避免造成重大损失。从火灾发展阶段来看，初起阶段的火灾，很容易扑救，操作人员只要能掌握基本的消防知识和扑救方法即可进行及时的扑救。

1　炼化企业初起火灾的扑救

初起火灾又称初期火灾，是火灾发生的初始阶段，一般在起火后的十几分钟内。初起火灾的扑救，通常指的是发生火灾以后，专职消防队未到达火场以前对刚发生的火灾事故所采取的处理措施。在火灾的初起阶段物质燃烧的速度比较缓慢，火焰不高，燃烧放出的辐射热能较低，燃烧面积不大，是扑救的最好时机，在场人员如能采取正确的方法，利用简易的灭火器材就能迅速将火扑灭；但如果采取措施不当，就会造成火势扩大，增大火灾损失。

1.1　生产装置初起火灾的扑救

石油化工企业生产用的原料、中间产品和成品，大部分是易燃易爆物品。由于生产工艺的连续性，设备与管道连通，火势蔓延迅速，多层厂房、高大设备和纵横交错的管道，会因气体扩散、液体流淌或设备、管道爆炸而形成装置区的立体燃烧，有时会造成大面积火灾。因此，当生产装置发生火灾爆炸事故时，现场操作人员应立即选用适用的灭火器材，进行初起火灾的扑救，将火灾消灭在初起阶段，最大限度的减少灾害损失；如火势较大不能及时扑灭，应积极采取有效措施控制其发展，等待专职消防力量扑救火灾。扑救生产装置初起火灾的基本措施有：

（1）迅速查清着火部位，燃烧物质及物料的来源，在灭火的同时，及时关闭阀门，切断物料。这是扑救生产装置初起火灾的关键措施。

（2）采取多种方法，消除爆炸危险。带压设备泄漏着火时，应根据具体情况，及时采取防爆措施。如关闭管道或设备上的阀门，疏散或冷却设备容器，打开反应器上的放空阀或驱散可燃蒸气或气体等。

（3）准确使用灭火剂。根据不同的燃烧对象、燃烧状态选用相应的灭火剂，防止由于灭火剂使用不当，与燃烧物质发生化学反应，使火势扩大，甚至发生爆炸。对反应器、反应釜等设备的火灾除从外部喷射灭火剂外，还可以采取向设备、管道、容器内部输入蒸汽、氮气等灭火措施。

（4）生产装置发生火灾时，当班负责人除立即组织岗位人员积极扑救外，同时指派专人打火警电话报警，以便消防队及时赶赴火场扑救。报警时要讲清起火单位、部位和着火物质，以及报警人姓名和报警的电话号码。消防队到场后，生产装置负责人或岗位人员，应主动向消防指挥员介绍情况，讲明着火部位、燃烧介质、温度、压力等生产装置的危险状况和已经采取的灭火措施，供专职消防队迅速做出灭火战术决策。

（5）消灭外围火焰，控制火势发展。扑救生产装置火灾时，一般是首先扑灭外围或附近建筑的燃烧，保护受火势威胁的设备、车间。对重点设备加强保护，防止火势扩大蔓延。然后逐步缩小燃烧范围，最后扑灭火灾。

(6) 利用生产装置设置的固定灭火装置冷却、灭火。石油化工生产装置在设计时考虑到火灾危险性的大小，在生产区域设置高架水枪、水炮、水幕、固定喷淋等灭火设备，应根据现场情况利用固定或半固定冷却或灭火装置冷却或灭火。

(7) 根据生产装置的火灾危险性及火灾危害程度，及时采取必要的工艺灭火措施。对火势较大，关键设备破坏严重，一时难以扑灭的火灾，当班负责人应及时请示，同时组织在岗人员进行工艺处置，可采取局部停止进料，开阀倒罐、紧急放空、紧急停车等工艺紧急措施，为有效扑灭火灾，最大限度降低灾害创造条件。

1.2　储罐初起火灾的扑救

各类油品、液态物料等一般储存在常压或压力容器内，储罐有中间体单罐，也有成组布局的分区罐组；有地上式储罐和地下式储罐；有拱顶式储罐、卧式储罐和浮顶式储罐；有球形储罐和气柜。储存的物料大多数密度小、沸程低、爆炸范围大、闪点低、燃烧速度快、热值高、具有火灾危险性大、扑救困难的特点。

(1) 易燃可燃液体或气体储罐发生爆炸着火，应区别着火介质、影响范围、危险程度、扑救力量等情况，沉着冷静地处置。岗位人员发现储罐着火，首要任务是向消防队报警，同时组织人员进行初起火灾的扑救或控制，等待专职消防队扑救。

（2）易燃可燃液体储罐发生火灾，现场人员可利用岗位配备的干粉灭火器或泡沫灭火器进行灭火，同时组织人力利用消火栓、消防水炮进行储罐罐壁冷却，降低物料可燃蒸气的挥发速度，保护储罐强度，控制火势发展。冷却过程中一般不应将水直接打入罐内，防止液面过高造成冒罐或油品沸溢，扩大燃烧面积，造成扑救困难。设有固定泡沫灭火装置的，应迅速启动泡沫灭火设施，选择正确的泡沫灭火剂(普通、氟蛋白、抗溶)和供给强度及混合比例，打开着火罐控制阀，输送泡沫灭火。

（3）浮顶式易燃可燃液体油罐着火，在喷射泡沫和冷却罐壁的同时，应组织人员上罐灭火。可用8kg干粉灭火器沿罐壁成半圆弧度同时推扫围堰内的残火。

地下式、半地下式易燃可燃液体储罐着火，可用干粉或泡沫推车进行灭火。灭火时应注意风向和热辐射，一般采用一定数量的灭火剂量大的推车，并交替边推进边灭火。

（4）卧式、球式易燃可燃气体储罐着火，应迅速打开储罐上设置的消防喷淋装置进行冷却，冷却时应集中保护着火罐，同时对周围储罐进行冷却保护。防止罐内压力急剧上升，造成爆炸。操作人员应密切注意储罐温度和压力变化，必要时应打开紧急放空阀，将物料排放火炬或安全地点进行泄压。

（5）扑救易燃可燃液体储罐火灾，也可在储罐没有破坏的情况下，充填氮气等惰性气体窒息灭火。储罐火灾及时扑灭后，应冷却保护一段时间，降低物料温度，防止温度过高引起复燃。

2　灭火器的使用

灭火器是一种可由人力移动的轻便灭火器具，它能在内部压力作用下，将所充装的灭火剂喷出，用来扑救火灾。由于结构简单、操作方便、使用面广，对扑救初起火灾有一定效果。在火场上采取哪种灭火方法，应根据燃烧物质的性质、燃烧的特点和火场的具体情况，以及灭火器材装备的性能进行选择。

2.1　手提式干粉灭火器

碳酸氢钠干粉灭火器适用于易燃、可燃液体、气体及带电设备的初起火灾；磷酸铵盐干粉灭火器除可用于上述几类火灾外，还可扑救固体类物质的初起火灾。但都不能扑救金属燃烧火灾。

灭火时，可手提或肩扛灭火器快速奔赴火场，在距燃烧处5m左右，放下灭火器。如在室外，应选择在上风方向喷射。使用的干粉灭火器若是外挂式储压式的，操作者应一手紧握喷枪、另一手提起储气瓶上的开启提环。如果储气瓶的开启是手轮式的，则向逆时针方向旋开，并旋到最高位置，随即提起灭火器。当干粉喷出后，迅速对准火焰的根部扫射。使用的干粉灭火器若是内置式储气瓶的或者是储压式的，操作者应先将开启把上的保险销拔下，然后握住喷射软管前端喷嘴部，另一只手将开启压把压下，打开灭火器进行灭火。有喷射软管的灭火器或储压式灭火器在使用时，一手应始终压下压把，不能放开，否则会中断喷射。

干粉灭火器扑救可燃、易燃液体火灾时，如果被扑救的液体火灾呈流淌燃烧时，应对准火焰根部由近而远，并左右扫射，直至把火焰全部扑灭。如果可燃液体在容器内燃烧，使用者应对准火焰根部左右晃动扫射，使喷射出的干粉流覆盖整个容器开口表面；当火焰被赶出容器时，使用者仍应继续喷射，直至将火焰全部扑灭。在扑救容器内可燃液体火灾时，应注意不能将喷嘴直接对准液面喷射，防止喷流的冲击力使可燃液体溅出而扩大火势，造成灭火困难。如果当可燃液体在金属容器中燃烧时间过长，容器的壁温已高于扑救可燃液体的自燃点，此时极易造成灭火后再复燃的现象，若与泡沫类灭火器联用，则灭火效果更佳。

使用磷酸铵盐干粉灭火器扑救固体可燃物火灾时，应对准燃烧最猛烈处喷射，并上下、左右扫射。如条件许可，使用者可提着灭火器沿着燃烧物的四周边走边喷，使干粉灭火剂均匀地喷在燃烧物的表面，直至将火焰全部扑灭。

2.2 推车式干粉灭火器

推车式干粉灭火器的使用方法与手提式干粉灭火器的使用相同。

2.3 二氧化碳灭火器

由于二氧化碳不导电，不污损设备，常用于扑救电器、精密仪器以及贵重生产设备的火灾。

灭火时只要将灭火器提到或扛到火场，在距燃烧物 5m 左右，放下灭火器拔出保险销，一手握住喇叭筒根部的手柄，另一只手紧握启闭阀的压把。对没有喷射软管的二氧化碳灭火器，应把喇叭筒往上扳 70°~90°。使用时，不能直接用手抓住喇叭筒外壁或金属连线管，防止手被冻伤。灭火时，当可燃液体呈流淌状燃烧时，使用者将二氧化碳灭火剂的喷流由近而远向火焰喷射。如果可燃液体在容器内燃烧时，使用者应将喇叭筒提起，从容器的一侧上部向燃烧的容器中喷射，但不能将二氧化碳射流直接冲击可燃液面，以防止将可燃液体冲出容器而扩大火势，造成灭火困难。

2.4　手提式泡沫灭火器

适用于扑救一般 B 类火灾，如油制品、油脂等火灾，也可适用于 A 类火灾，但不能扑救 B 类火灾中的水溶性可燃、易燃液体的火灾，如醇、酯、醚、酮等物质火灾；也不能扑救带电设备及 C 类和 D 类火灾。

使用方法：可手提筒体上部的提环，迅速奔赴火场。这时应注意不得使灭火器过分倾斜，更不可横拿或颠倒，以免两种药剂混合而提前喷出。当距离着火点 10m 左右，即可将筒体颠倒过来，一只手紧握提环，另一只手扶住筒体的底圈，将射流对准燃烧物。在扑救可燃液体火灾时，如已呈流淌状燃烧，则将泡沫由远而近喷射，使泡沫完全覆盖在燃烧液面上；如在容器内燃烧，应将泡沫射向容器的内壁，使泡沫沿着内壁流淌，逐步覆盖着火液面。切忌直接对准液面喷射，以免由于射流的冲击，反而将燃烧的液体冲散或冲出容器，扩大燃烧范围。在扑救固体物质火灾时，应将射流对准燃烧最猛烈处。灭火时随着有效喷射距离的缩短，使用者应逐渐向燃烧区靠近，并始终将泡沫喷在燃烧物上，直到扑灭。使用时，灭火器应始终保持倒置状态，否则会中断喷射。

2.5　推车式泡沫灭火器

使用时，一般由两人操作，先将灭火器推拉到火场，在距离着火点 10m 左右处停下，由一人施放喷射软管后，双手紧握喷枪并对准燃烧处；另一人则先逆时针方向转动手轮，将螺杆升到最高位置，使瓶盖开足，然后将筒体向后倾倒，使拉杆触地，并将阀门手柄旋转90°，即可喷射泡沫进行灭火。如阀门装在喷枪处，则由负责操作喷枪者打开阀门。

灭火方法及注意事项与手提式泡沫灭火器基本相同，可以参照。由于该种灭火器的喷射距离远，连续喷射时间长，可用来扑救较大面积的储槽或油罐车等处的初起火灾。

2.6 手提式1211灭火器

1211灭火器已经于2005年停止生产和销售，2010年12月31日后停止使用，装置现场还有一些没有到期的1211灭火器在使用，在此只做简单介绍。

使用时，将手提灭火器的提把或肩扛灭火器带到火场，在距燃烧处5m左右，放下灭火器，先拔出保险销，一手握住开启把，另一手握在喷射软管前端的喷嘴处。如灭火器无喷射软管，可一手握住开启压把，另一手扶住灭火器底部的底圈部分。先将喷嘴对准燃烧处，用力握紧开启压把，使灭火器喷射。当被扑救可燃烧液体呈现流淌状燃烧时，使用者应对准火焰根部由近而远并左右扫射，向前快速推进，直至火焰全部扑灭。如果可燃液体在容器中燃烧，应对准火焰左右晃动扫射，当火焰被赶出容器时，喷射流跟着火焰扫射，直至把火焰全部扑灭。但应注意不能将喷流直接喷射在燃烧液面上，防止灭火剂的冲力将可燃液体冲出容器而扩大火势，造成灭火困难。如果扑救可燃性固体物质的初起火灾时，则将喷流对准燃烧最猛烈处喷射，当火焰被扑灭后，应及时采取措施，不让其复燃。1211灭火器使用时不能颠倒，也不能横卧，否则灭火剂不会喷出。另外在室外使用时，应选择在上风方向喷射；在窄小的室内灭火时，灭火后操作者应迅速撤离，因 1211 灭火剂有一定的毒性，以防对人体造成伤害。

2.7　推车式 1211 灭火器

灭火时一般由二个操作，先将灭火器推或拉到火场，在距燃烧处 10m 左右停下，一人快速放开喷射软管，紧握喷枪，对准燃烧处，另一个则快速打开灭火器阀门。灭火方法与手提式 1211 灭火器相同。

第十四章　常见伤害急救相关知识

在直接作业活动中，防范措施不到位或者操作失误等往往导致人身伤害或者中毒窒息等事故，在这种情况下，掌握一定的卫生保健、急救、互救知识，对受伤害人员进行及时和正确的救治往往可以减轻伤害程度甚至挽救生命，同时为医护人员的到来争取时间。

1　危险品泄漏时的逃生与急救

1.1　自救

在可能或确已发生有毒气体泄漏的作业场所，当突然出现头晕、头疼、恶心、欲吐或无力等症状时，必须想到有发生中毒的可能性，根据实际情况采取有效对策施行自救。

（1）憋住气，迅速逆风跑出危险区。如遇风向与火源、毒源方向相同时，应往侧面方向跑。

（2）如果是在无围栏的高处，以最快的速度抓住东西或趴倒在上风侧，尽量避免坠落。

（3）尽快启用报警设施。

（4）若有可能，迅速将身边能利用的衣服、毛巾、口罩等用水浸湿后，捂住口鼻脱离现场，以免吸入有毒气体。

（5）发生事故的瞬间闭住或用手捂住眼睛，防止有毒有害液体溅入眼内；如眼睛被玷污，立即到流动的清洁水下冲洗。

(6) 如果化学物质沾染皮肤，立即用大量流动清洁水或温水冲洗；毛发也不例外；如果沾染衣服、鞋袜，均应立即脱去，后冲洗皮肤。

1.2　互救

(1) 救援人员首先摸清被救者所处的环境，要选择合适的防毒面具，在做好防护的前提下将中毒者救出至空气新鲜处。处理人员应从上风、上坡处接近现场，严禁盲目进入。

(2) 若有人吸入化学毒气中毒，应立即将中毒者移到新鲜空气处，静卧，松解衣带，头部偏向一侧，注意保暖，吸氧。呼吸困难者可加压给氧，心脏骤停者应立即予以心脏按压。

(3) 如果皮肤接触到液态化学物品，首先应脱去污染的衣服，用自来水冲洗 10~15min。值得注意的是，若皮肤上有伤口，切勿现场清洗，应立即送病人到医院诊治。

2　眼睛刺激

(1) 发生事故的瞬间闭住或用手捂住眼睛，防止有毒有害物质溅入眼内。

(2) 眼部化学灼伤后，必须争取时间，用附近的洗眼器或就近取得清水，分开眼睑充分冲洗，至少持续 10min。注意冲洗液自流压力不要过大，冲洗要及时、有效。如颜面未受严重污染或灼伤，亦可采取浸洗，即将眼浸入水盆中，频频眨眼，效果也好。

(3) 经初步清洗后，送医院救治。

3　皮肤刺激

(1) 如果化学物质玷污皮肤或者烫伤，立即用大量流动的清水冲洗，毛发也不例外。

(2) 如果玷污衣服、鞋袜，均应立即脱去，然后用大量流动清水冲洗皮肤。冲洗皮肤和头发时要保护眼睛。但是对于腐蚀性强的化学物质如硫酸、硝酸、苛性钠等溶液，必须使用大流量冲淋器，争取在短时间内将污染物清洗干净。对无法自行冲洗的患者，救援人员应注意自身保护，并在对患者冲洗时继续进行其他基本救护。一般不主张随意使用中和剂清洗。

(3) 经初步清洗后，送医院救治。

4　烫伤

被烫伤以后，要尽快脱离热源，然后用凉水冲洗患处，一般要 20min 左右，或是直到疼痛感明显降低才行。然后包扎，并送往医院，千万不要随意上药。烫伤面积如果过大，要采取口服温水或静滴盐水的方法进行补水，以防脱水后静脉不显难以注射用药。

5　锐器刺伤或摔伤

如果出血应及时进行止血处理。静脉出血，最常用的方法是用纱布垫压迫局部，然后回压包扎，达到止血目的。动脉出血非常危险，应马上用止血带和替代物把伤处结扎，并迅速将伤者送往医院。最好不要在伤口上涂抹药物，尤其是带颜色的药水，如红药水、碘酒等；结扎后要根据具体部位每隔 10~20min 松绑一次，时间太长可能引起败血症。如异物插入人体，切勿将异物贸然拔出，否则可能导致严重出血。应该想办法将异物固定，再用开洞的三角巾套住异物进行包扎，并迅速送医院救治。

6　内脏溢出

既不能塞回也不能直接加压包扎。塞回会导致腹内严重感染，包扎可以压闭肠管的营养血管，造成急性肠坏死。正确的处理方法是首先用干净布料遮盖溢出的内脏，然后用毛巾等绕成适当大小的圆圈，紧贴腹壁套在肠管上，再用一只饭碗或大杯等扣在溢出物上，最后再用三角巾等进行包扎。

7　肢体离断

除了立即包扎伤口止血外，还应将断下来的手指、伤肢等用干净手帕或毛巾包好，放进塑料袋内并系紧袋口，然后再放进盛有冰块的容器中保存，争取在 6~8h 之内随伤员送至医院再植。

8　骨折

如果万一发生了骨折，请不要自行摆弄、随意接骨，更不可误当脱臼进行复位，以免骨折断端刺伤神经、血管。如为锁骨骨折，请先用绷带兜臂，不要活动；如为盆腔处、胸腰部骨折时，应将病人轻轻托起，放在硬板担架上，转送途中尽量减少震动；如为四肢长骨骨折，可就地取材，如用胶鞋、布鞋或粗一点儿的树枝或其他可用来固定的东西做骨折临时固定，后送医院治疗。谨记：先固定，后搬运，忌盲目搬运。在急救现场，如果怀疑伤员有可能伤及脊柱，一定要固定好头部，头和躯干必须同时转动，最好在原位固定后搬动，别轻易改变伤员体位，尤其不能采取一人抬腋窝部，一人抬下肢的“吊车式"搬运方法，伤员应被固定在硬木板担架上搬运。

现场救援人员对于已经出现四肢或双下肢受伤、没有昏迷的伤员，要特别注意呼吸是否困难，要解开衣领，去掉领带，解开腰带，固定好头部，立即拨打急救电话等待医生到现场。对怀疑有脊柱脊髓损伤的患者，要在有经验的急救人员指导下搬运至有条件进行骨科手术的医院，如条件允许，最好直接送到对脊柱脊髓损伤有综合抢救能力的医院，避免多次转运伤员，造成脊髓二次损伤和医疗费用的浪费。转运路途中要注意固定和观察呼吸，要减少车的颠簸。

9 脑外伤

对这类病人，不要捏人中或摇动头部，一般脑外伤后有一段昏迷时间，如果昏迷时间很短，在几分钟到30min内清醒的多是脑震荡。有的无昏迷但对受伤前的事件记忆丧失，医学上称为逆行性遗忘。

特别提醒：在送昏迷脑外伤病人去医院时，应让病人平卧，去掉枕头，头转向一侧，防止呕吐时食物吸入气管而致窒息。更不要捏人中或摇动头部以求弄醒病人，这样会加重脑损伤和出血的程度。

10 冠心病

病人发病后，不要随意搬动，心脏病人发生气喘忌平卧。平卧位会增加心脏负担，使气喘加重。应取坐位，双腿下垂。冠心病病人发病时一般会有心前区疼痛、胸闷、气短、心绞痛等症状。

急救措施：应让病人立即平卧，舌下含服硝酸甘油片，如果一片不解决问题，可再含服一片。如果症状已缓解，还需平卧1h方可下床。如果患者病情险恶，胸痛不解，而且出现面色苍白、大汗淋漓，这可能不是一般的心绞痛发作，恐怕是发生心肌梗死了。此时要将亚硝酸异戊酯用手帕包好，将其折断，移近病人鼻部2.5cm左右，让病人吸入气体。如果病人情绪紧张，可让其服一片安定。特别提醒：一定不要随意搬动病人，更不能勉强扶病人去医院。如果是心绞痛发作，经过处理会缓解，如果是心肌梗死则不会缓解，应和急救中心联系。

11　触电

触电事故发生后，且不可惊慌失措，必须不失时机地进行急救，尽可能减少伤亡。

11.1　脱离电源

（1）低压触电时帮助触电者脱离电源的方法如下：

① 如果电源开关或电源插头在触电地点附近，可立即拉开开关或拔出插头，切断电源。②如果电源开关或电源插头不在触电地点附近，可用绝缘柄的电工钳或用干燥木柄的斧头切断电源，或用干木板等绝缘物质插入触电者身下，隔断电流。③如果电线搭落在触电者身上或被压在身下，可用干燥的木棒、木板、绳索、手套、等绝缘物作为工具，拉开触电者或挑开电线。

（2）高压触电时帮助触电者脱离电源的方法如下：

①立即通知有关部门停电。②戴上绝缘手套、穿上绝缘靴，用相应电压等级的绝缘工具拉开开关。③如事故发生在

线路上，可抛掷裸金属线使线路短路接地，迫使保护装置动作，切断电源。抛掷金属线前，一定将金属线一端可靠接地，再抛掷另一端，被抛出的一端不可触及触电者和其他人。

11.2 现场急救

触电者脱离电源后，应根据触电者的具体情况，迅速对症救治。

(1) 如果触电者伤势不重、神志清醒，但有些心慌、四肢麻木、全身无力，或触电者曾一度昏迷，但已清醒过来，应让触电者安静休息，注意观察并请医生前来治疗或送往医院。

(2) 如果触电者伤势较重，已经失去知觉，但心脏跳动和呼吸尚未中断，应让触电者安静平卧，解开其紧身衣服以利呼吸。

(3) 保持空气流通，若天气寒冷，则注意保温。严密观察，速请医生治疗或送往医院。

(4) 如果触电者呼吸停止或心脏跳动停止，应立即实施口对口人工呼吸或胸外心脏挤压进行急救，速请医生治疗或送往医院，在送往医院的途中，不能终止急救。

11.3 注意事项

(1) 救护人员切不可直接用手、其他金属或潮湿的物件作为救护工具，而必须使用干燥绝缘的工具，救护人员最好只用一只手操作，以防自己触电。

(2) 为防止触电者脱离电源后可能摔倒，应准确判断触电者倒下的方向，特别是触电者在高处的情况下，更要采取防摔措施。

(3) 人在触电后，有时会有较长时间的“假死”，因此，救护人员应耐心进行抢救，绝不可轻易终止。

12　火场自救

在石油化工企业生产环境中，由于工作场所作业客观条件限制，人身着火事故往往因火灾爆炸事故或在火灾扑救过程中引起，也有的因违章操作或意外事故所造成。人身起火燃烧，轻者留下伤残，重者危及生命，因此，及时正确的扑救人身着火，可大大降低伤害程度。

如果发现身上着了火，千万不可惊跑或用手拍打，因为惊跑或拍打会加剧火势，应赶紧设法脱掉衣服或就地打滚，压灭活苗，能及时向身上浇水或喷灭火剂则更好。

明火扑灭后，应进一步采取措施清理棉毛制品的阴火，防止死灰复燃。

化纤织品比棉织品有更大的危险性，这类制品燃烧速度快，容易粘在皮肤上，应注意扑救中或扑灭后，不能轻易撕扯受害人的烧残衣物，否则容易造成皮肤大面积创伤，使裸露的创伤表面加重感染。

易燃可燃液体大面积泄漏引起人身着火，这种情况一般发生突然，燃烧面积大，受害人往往不能进行自救。此时，在场人员应迅速将受害人拖离现场，用湿衣服、毛毡等物品压盖灭火，或使用灭火器压制火势，转移受害人后，再采取人身灭火方法。使用灭火器灭人身火灾，应特别注意不能将干粉、二氧化碳等灭火剂直接对受害人面部喷射，防止造成窒息，也不能用二氧化碳灭火器对人身进行灭火，以免造成冻伤。

火灾扑灭后，应特别注意对烧伤患者的保护，对烧伤部位用绷带或干净的床单进行简单的包扎后，尽快送医院治疗。

参 考 文 献

1 中国石油化工集团公司安全环保局编．中国石油化工集团公司安全生产监督管理制度．中国石化出版社，2004
2 罗云主编．注册安全工程师手册．化学工业出版社，2004
3 中国石油化工集团公司安全环保局编．石油化工安全技术(初级本)．中国石化出版社，2003
4 翟鹏等编著．石油化工企业班组安全教育读本．中国石化出版社，2005
5 刘建雄编著．施工企业班组安全教育读本．中国石化出版社，2005
6 焊接与切割安全(GB 9448—88)
7 建筑施工扣件式钢管脚手架安全技术规范(JGJ 130—2001)
8 厂区吊装作业安全规程(HG 23015—1999)
9 厂区盲板抽堵作业安全规程(HG 23013—1999)
10 赵培录等编著．安全技术与管理．中国石化出版社，2006